तीरगी में रौशनी

तीरगी में रौशनी

सुनील कुमार शर्मा

वाणी
प्रकाशन

प्रकाशन के उत्कृष्टतम 62 वर्ष

पेपरबैक प्रथम संस्करण : 2025

vaniprakashan.com

वाणी प्रकाशन

4695, 21-ए, दरियागंज, नयी दिल्ली-110 002

फ़ोन : + 91 11 23273167, 23275710

शाखाएँ

अशोक राजपथ, पटना-800 004, बिहार

कॉफ़ी हाउस कैम्पस, महात्मा गांधी मार्ग, प्रयागराज-211 001, उत्तर प्रदेश

महात्मा गांधी अन्तरराष्ट्रीय हिन्दी विश्वविद्यालय, वर्धा-442 001, महाराष्ट्र

sales@vaniprakashan.in

vaniprakashan@gmail.com

Teergi Mein Roshani

by Dr. Sunil Kumar Sharma

ISBN : 978-93-6944-029-0

Ghazal

मूल्य : ₹ 325

आर. टेक ऑफ़सेट, दिल्ली-110 093 में मुद्रित

वाणी प्रकाशन का लोगो मक़बूल फ़िदा हुसैन की कूची से

प्रेम जिजीविषा और उम्मीद की ग़ज़लें

मैं कलम का हूँ सिपाही, ये मेरी तक़दीर है,
सबको ख़ुश करने लगा तो मसखरा हो जाऊँगा

वक़्त हमेशा साथ किसी का कब देता है दुनिया में
पर ख़्वाबों का सौदा कर लूँ मेरे बस की बात नहीं

ईमानदारी के पक्ष में खड़े रहकर ख़ुद्दारी के साथ सच बोलने कि चुनौती को स्वीकार करने और हर हाल में अपने अहद पर कायम रहते हुए एक बेहतर दुनिया के निर्माण के ख़्वाबों का पीछा करने वाले ये अशआर युवा और प्रतिभाशाली ग़ज़लकार डॉ. सुनील कुमार शर्मा के हैं। डॉ. शर्मा कई विधाओं में विश्वसनीय लेखन करते आ रहे हैं। उनकी कई पुस्तकें प्रकाशित हो चुकी हैं। पिछले दिनों 'हद या अनहद' नाम से प्रकाशित उनकी कवितायें काफ़ी लोकप्रिय हुई हैं। उनकी खासियत यह है कि वह शिल्प का चयन अन्तर्वस्तु की माँग के अनुसार करते हैं। वह छंद और मुक्त छंद दोनों में बेहतर लिखने में समर्थ हैं। 'तीरगी में रौशनी' इनका पहला ग़ज़ल संग्रह है। इन ग़ज़लों को पढ़ते हुए यह अनुभव होता है कि उन्हें बहुत सारे जीवन प्रसंगों का ज्ञान भी है और उन्हें अपनी बात को कहने का सलीका भी आता है। उन्हें ग़ज़ल कि परम्परा कि समझ भी है और उसके शास्त्रीय अनुशासनों की भी।

कहते हैं कि ग़ज़ल का जन्म अरबी क़सीदे की कोख से हुआ था। फ़ारसी के शायरों ने क़सीदे के तरतीब के शेरोन को जिनमें प्रेम सौन्दर्य, शबाब और शराब आदि का वर्णन होता था, अलग कर उन्हें एक नये शिल्प में सजाया जिसे ग़ज़ल नाम दिया गया। यह ग़ज़ल फ़ारसी से हिन्दुस्तान में अमीर खुशरो तक आयी और बाद में उसे अनेक महान शायरों का प्यार मिला तथा उन्होंने उसे अनेक प्रकार से सजाया संवारा। इसने हिन्दी में भी लम्बी यात्रा की और दुष्यंत कुमार तक आते-आते

उसका स्वभाव व रंग रूप काफ़ी बदल गया। ग़ज़ल अब मनोरंजन नहीं प्रतिरोध का स्वर बन गयी। वह जमीन सच्चाइयों से आँखे चार करने लगी और जुल्म के खिलाफ़ कड़ी होने लगी है। इसका दायरा बड़ा हो गया है।

इसे हिन्दी के तमाम कवियों ने सीचा, तराशा और इसे नये-नये अंदाज़ दिये। इन तमाम नामों में एक चमकदार नाम डॉ. सुनील कुमार शर्मा का भी है। सुनील जी ने हर प्रकार कि अन्तर्वस्तु को ग़ज़ल में ढाला है, इसलिये उनकी ग़ज़लों का फलक काफ़ी बड़ा है। इसमें भूख का दर्द भी है, ग़रीब आदमी की छटपटाहट भी है, बाजार का आतंक भी है, युग की विडम्बनाएँ भी है, प्रेम की विविध मनोदशाएँ और सुख दुःख भी है और बहुत कुछ करने की हिम्मत, उम्मीद तथा इरादा भी है। सुनील जी ने अपने समय की बड़ी बारीकी से शिनाख्त की है। हर तरफ़ पैसे की वंदना हो रही है, आपसी सम्बन्धों में दिखावा और छल छद्म आ गया है। जीवित माता पिता के प्रति कोई सम्मान भाव नहीं हैं, लेकिन मरने पर पाखण्ड और प्रदर्शन हो रहा है। हर तरफ़ नकली चरित्रों कि भरमार है। इस सन्दर्भ में सुनील जी के ये शेर बड़े प्रासंगिक लगते है–

मर जाने पर तस्वीरों पे फूल चढ़ाने लगते हैं
लोग जमा हो कर यादों में शम्अ जलाने लगते हैं

जीते जी कब मिलती फ़ुर्सत जो लेते ना हाल कभी
इक दिन फिर वो ही मिट्टी पर अश्क बहाने लगते हैं

अपने भी ग़ैरों से होते जब तक ख़ाली हाथ रहे
कुछ पाते ही सब रिश्तों के रस्म निभाने लगते हैं

इस मशीनी युग में इन्सान भी मशीन बनता जा रहा है। एक बहुत बड़ी आबादी रोज़ी-रोटी के चक्कर में सुबह से देर रात तक भागती, हाँफती, खटती और जागती रहती है। माता-पिता, पत्नी-बच्चों और ख़ुद से भी मिलने का वक़्त नहीं है। लोग ख़ुद से मिलना, बाते करना भूल गये हैं। एकांत तो है ही नहीं। पहले ऐसा नहीं था। आत्मचिंतन और सृजन के लिये एकांत आवशयक होता है। प्रसिद्ध शायर वामिक जौनपुरी ने कहा था कि 'मैं ख़ुद अपने से बातें कर रहा हूँ, ये तन्हाई नहीं इक अंजुमन है।'

विडंबना यह है कि आज हम अपने साथ महफ़िल नहीं सजा पाते। ऐसे में सुनील जी ने बहुत उचित कहा है कि–

दुनिया से मिलते हैं लेकिन ख़ुद को देते वक़्त नहीं
हर इन्सा का कुछ दिन तन्हाई में रहना अच्छा है

डॉ. सुनील कुमार शर्मा के इस संग्रह की ग़ज़लों में आम आदमी के जीवन के अभाव भी रह रह कर झलक जातें हैं। दरसल स्वाधीनता के बाद हमारी सरकारों ने विकास का जो रास्ता चुना उसमें आमजन अर्थात साधारण किसानों-मजदूरों और निम्न वर्ग पर बहुत कम ध्यान दिया गया। कुछ पूँजीपतियों की पूँजी सैकड़ो गुना बढती गयी और आमजन पीछे छूटता गया। इससे असमानता बढ़ती गयी। यह इतनी बढ़ी कि अब कुछ लोगों के पास आलिशान बँगलें, गाड़ियाँ, और निजी विमान, हेलीकाप्टर सब हैं, और एक बहुत बड़ी आबादी के पास रहने के लिये घर क्या झोपड़ी तक नहीं है। बहुत सारे बच्चों के हिस्से में बचपन नहीं हैं, खिलौने नहीं हैं, दोनों वक़्त का भोजन नहीं है, सपने नहीं है–

सबकी क़िस्मत में कब होते हैं गुड्डे गुड़ियों के दिन
जीने की जद्दोजेहद में कितने बचपन खो जाते हैं
कुछ भूखे बच्चों ने उनको दौलतमंद कहा जिनको
चार निवाले एक दफ़ा ही दिन भर में मिल तो जाते हैं

अपने एक शेर में उन्होंने किसानों के दर्द का बहुत मार्मिक चित्रण किया है–

हर एक क़र्ज़ याद तो तब ही था कर लिया
बाज़ार में बिकी थी फज़ल जब किसान की

इन ग़ज़लों कि ख़ासियत यह भी है कि इनमें सामाजिक, राजनीतिक और आमजन की समस्याओं को उठाने के साथ ही उनके समाधान के तरीकों पर भी विचार किया गया है। ये ग़ज़लें समाधान और मुक्ति का मार्ग तलाशती हैं। ये ग़ज़लें अपने अधिकारों के लिये वैचारिक जागरूकता, एकजुटता और संगठित संघर्ष के लिये प्रेरित करती है। इनमें परिवर्तनकामी सोच और साहस को रेखांकित किया गया है–

जिनको अंगारों पर चलना आता है
उन लोगों को वक़्त बदलना आता है

उस शम्अ को तूफां भी क्या रोकेगा
तेज़ हवा में जिसको जलना आता है

जहाँ अन्याय और आतंक ज़्यादा होता है, जनता की आवश्यक आवश्यकताओं की उपेक्षा होती है, वहाँ प्रतिरोध और बगावत की संभावना भी अधिक होती है।

जहाँ भी सियासत हुई रोटियों पर
वहाँ हमने देखा बगावत मिली है

बैठे बैठे यूँ ही कुछ मिलता है कब
अपने हक कि खातिर लड़ना पड़ता है

सुनील जी के इस संग्रह की कई ग़ज़लें प्रेम से बावस्ता हैं। दरसल प्रेम एक ऐसा कोमल और प्रिय राग है जिसे हर इन्सान बहुत तन्मय हो कर गाना चाहता है, गाता है। यह एक ऐसा राग है जो हर दिल के साज़ पर एक बार अपनी पूरी गरिमा के साथ अवश्य बजता है। यह आग का दरिया हो तब भी लोग इसमें ख़ुशी से डूबना चाहते हैं। यह अद्वितीय और सबसे ख़ूबसूरत अनुभव होता है। यह सिलसिला सृष्टि के साथ ही चला आ रहा है। इसीलिये फ़िराक साहब ने कहा था कि–'हज़ार बार ज़माना इधर से गुजरा है, नयी-नयी सी है कुछ तेरी रहगुजर फिर भी।'

प्रेम की दुनिया में कदम रखते ही मन अनेकानेक मोहक कल्पनाओं के संसार में उड़ने लगता है–

मेरी आँखों में वो नैना प्यारे-प्यारे फिरते हैं
सारे आशिक़ सजदा करते साथ हमारे फिरते हैं

इश्क़ मिला उसको ही अपना जो दरिया में डूब गया
क्या समझेंगे इश्क़ ख़ुदा है वो जो किनारे फिरते हैं

और फिर जादू का ऐसा आलम होता है कि प्रकृति में हर कवित्त में, हर तरफ़, वही दिखायी पड़ने लगता है–प्रसादे सा, पथि पथि च सा, पृष्ठतः सा, पुरः सा, सा सा सा सा जगति सकले...

जहाँ देखिये हर रूप में बस वही–

अभी डूबा हुआ हूँ मै तुम्हारे ही ख़यालों में
मै अपना नाम देखूं टो तुम्हारा नाम लगता है

कभी तन्हाइयों में मैं तुम्हारा ख़त जो पढता हूँ
हो जितना दर्द चाहे दिल को पर आराम लगता है

और यह भी कि –

तुम्हारी झील सी आँखो कि हलचल मैं ना भूलूँगा
तुम्हारा प्यार से कहना वो पागल मै ना भूलूँगा

इन ग़ज़लों में वह दर्द और टीस भी ख़ूब है जो किसी तकरार अनबन दूरी, या अलगाव, के कारण उत्पन्न हो जाती है। कुछ ग़ज़लों में यह पीड़ा बहुत मारक हो गयी है–

मुक़म्मल हो सकी ना जो कहानी याद है मुझको
अभी राजा से मिल पायी न रानी याद है मुझको

न थे अलफ़ाज़ लेकिन कुछ कहा एक दुसरे से था
हुई आँखों से जो बातें ज़बानी याद है मुझको...

डॉ. सुनील कुमार शर्मा के इस ग़ज़ल-संग्रह कि ग़ज़लों में काफ़ी वैविध्य है और इनमे जीवन-जगत की विविध छवियाँ दर्ज हुई है। मानव के भाव-अभाव, आम आदमी का जीवन-संघर्ष, युग कि विडम्बनाएँ, मित्रता में स्वार्थ छल, विश्वासघात, आत्मीय रिश्ते, प्रेम सम्बन्धों का सौन्दर्य, और तमाम विरुद्धताओं और नकारात्मक मूल्यों के बावजूद लहराती हुई आकांक्षाएँ, जिजीविषा और उम्मीदें इसे मुक्क़म्मल रूप देती है। इसमें यह विश्वास बना रहता ही कि अभी बहुत कुछ बचा हुआ है , अभी भी बहुत सारी संभावानाएँ है। कुछ शेर बहुत अच्छे है। उनमें से एक यह भी है–'उस ख़त को पढ़ते-पढ़ते उसपे क्या गुजारी वो जाने, पर तबसे फूलों ने हँसना छोड़ दिया है गुलशन में'। मुझे विश्वास है कि ये ग़ज़लें हिन्दी-जगत में अपनी पहचान कायम करेगी और ग़ज़लकार को यशस्वी बनाएँगी।

शुभमस्तु
श्री कृष्ण जन्माष्टमी
(26.08.2024)

–प्रो. वशिष्ठ अनूप
डी.लिट्, प्रोफ़ेसर एवं अध्यक्ष
हिन्दी विभाग, कला संकाय
काशी हिन्दू विश्वविद्यालय

अपने दिल का हाल सुनाऊँ तो दिल को आराम मिले...

ग़ज़ल की पहली किताब आपको सौपनें से पूर्व कुछ बातें मेरे जीवन और जीवन में मौजूद साहित्य की। साहित्य मेरे जीवन में मित्र की भूमिका का निर्वहन करता आया है। घर का माहौल साहित्यिक था। साहित्य की किताबें लिखने-पढ़ने का ही हिस्सा थी। तदुपरान्त जीवन में तकनीकी का आगमन हुआ। पढ़ाई लिखाई और फिर आजीविका सब तकनीकी आधारित, परन्तु बचपन का वो मित्र हमेशा साथ रहा। एक तरह से कहें तो तकनीकी के साथ साथ साहित्य भी मेरे मन मस्तिष्क के किसी हिस्से में अपनी मौजूदगी दर्ज कराता रहा। जब हिन्दी भाषा में कविता की पहली किताब सबसे पहले प्रकाशित हुई बरक्स तकनीकी की किताबों की, हिन्दी भाषा में आने के तो लगा कि बचपन की मित्रता मैंने ठीक से निभायी।

साहित्य की विधाओं में मेरा सबसे पहले जुडाव ग़ज़ल से ही हुआ था। ये अलग बात है की ग़ज़लों की पहली किताब आने में एक वक़्त लगा दाग साहब के शब्दों में कहें तो–

नहीं खेल ऐ 'दाग़' यारों से कह दो
कि आती है उर्दू ज़बाँ आते आते।

इसमें कोई दो राय नहीं कि पाठकों द्धारा सबसे ज़्यादा पसन्द की जाने वाली विधा ग़ज़ल ही है। कारण कि इसका आकर्षण बांध लेता है। ग़ज़ल जिसमें शायर अपने दिल की बात अपनी शायरी की ज़बान में कम से कम लफ़्ज़ों में जितने प्रभावशाली तरीके से कह लेता है उतना किसी और विधा में मुमकिन नहीं। यानी एक ग़ज़ल में अगर सात शेर हैं तो उसमें अलग-अलग सात मजमून हैं, सात अलग-अलग एहसासात हैं जो आपको अलग अलग सफ़र पर ले कर जाते हैं और उस पर भी शायर की कोशिश यह है कि हर मजमून की तह तक उतरने की कोशिश करे

और अपने हर मजमून के साथ सामयीन को जोड़ने की पूरी कोशिश करे। सीमाब अकबराबादी का एक शेर है–

कहानी मेरी रूदाद-ए-जहाँ मालूम होती है
जो सुनता है उसी की दास्ताँ मालूम होती है

इस संग्रह की ग़ज़लें आम आदमी की दास्तान है, जो इन्सान के जीवन का यथार्थ चित्रण करती है, तो कभी समता-समानता का चोला ओढे अपने समय की जमीनी हक़ीकत बयान करती है, कभी सरेआम होने वाली धोखाधड़ी, व्यवस्था के शोषण-भ्रष्टाचार, वर्गभेद से उपजी अमानवीयता, यांत्रिकीकरण से उत्पन्न अजनबीपन, आपसी द्वेष और मानवीय मूल्यों के अवमूल्यन की कहानियाँ सुनाती है। बोट-रोबोट आदमी की ज़िन्दगी का आम हिस्सा होते जा रहे हैं और इन्सान उनको अपनी आदत का हिस्सा चाहे अनचाहे बनाता जा रहा है। कृत्तिम मेधा अलग ही तरीके के बदलाव लाने की तदबीर में लगी हुई है। आधुनिकीकरण की इस तेज़ दौड़ में आगे निकलने के बजाय जीवन में बहुत पीछे होते गये। जहाँ हमें कई नयी चीज़ों से वाकिफ किया, तो बहुत खुछ हमने खो भी दिया है। सीमित स्वार्थों के दायरे में हमारे लिखने-पढ़ने का दायरा मुसलसल कम होने लगता है। नतीजतन बहुत कुछ अनकहा रह जाता है साथ ही बहुत कुछ डाटा के फरेब और तिस्लिम में छुपा रह जाता है। आजकल हर जगह शहरों में भाषा तहजीब रवायत में अदब सिमटता जा रहा है, ऐसा महसूस होता है कि साहित्य की रूह निकलती जा रही है और इन सब के पीछे हमारे महदूद मुफ़ाद पर मबनी उसूल काम कर रहे हैं। इन सब के बीच ग़ज़ल एक उम्मीद की किरण दिखाने का काम करने के लिये कोशिश करती हुई नज़र आती है जो सच को सच कहने का होंसला रखती है और नये रदीफ़ और काफियों के साथ इन्सानी क़दरों, संवेदानाओं और इन्सानियत को सींचने के लिये ज़रख़ेज़ ज़मीन भी मयस्सर करा सकती है।

गजल की इन शक्तियों का इस्तेमाल करते हुए अपनी बात कहने का प्रयास किया है। कहीं कहीं अपने साथ मुकालमा (संवाद) करते हुए कुछ ग़ज़लें बन गयीं तो कभी आम जीवन की घटनाएँ जैसे सिग्नल पर करतब दिखाते हुए बच्चे में से भी ग़ज़ले निकल कर सामने आ गयीं। साथ ही कुछ गजलों में प्रेम के मुख्तलिफ (विविध) रंग भी नज़र आयेंगे। वास्तव में प्रेम जीवन के लिये अति आवश्यक है उसके बिना जीवन की कल्पना थोड़ी मुश्किल बात है। प्रेम वह प्रवाह है जिसमें बहकर जीवन

आगे बढ़ता है। रूमानियत टूटती बिखरती ज़िन्दगी, अकेलापन ऐसे तमाम एहसासात जिनसे हम सब रोज़ दो चार होते हैं वो आपको इस संग्रह में मिलेंगे।

इस किताब की तहरीर में जिन दोस्तों ने मेरा साथ दिया, मैं उनका तह-ए-दिल से शुक्रगुज़ार हूँ। ख़ास तौर पर विनीत पांडे जी का ज़िक्र करना लाज़िमी है, जिन्होंने हमेशा मुझे ग़ज़ल लिखने की तरग़ीब दी। उनकी बेपनाह मोहब्बत, संजीदगी और अदबी फहम ने मुझे हमेशा मुहब्बत और हौसले से सरशार किया और मेरे हर लिखे हुए शब्द में नयी ऊर्जा भरी। साथ ही आदित्य और दूसरे वो साथी जिन्होंने हमेशा मुझे ग़ज़ल लिखने के लिये हौसला दिया और जब भी मैं थोड़ा धीमा पड़ा, उन्होंने मुझे हिम्मत दी। मैं अपने माता-पिता का भी शुक्रिया अदा करना चाहता हूँ, जिन्होंने बचपन में ही मुझे अदब की तालीम दी और साहित्य से जोड़ा। मेरी पत्नी महामाया और बेटी लावण्या का भी बेइंतिहा शुक्रिया, जो इस सफ़र में हर क़दम पर मेरे साथ रहीं और मुझे तस्सली और ताकत दी। इस किताब के सफों में, आप सभी की मोहब्बत और दुआओं की ख़ुशबू महकती रहेगी। मैं बहुत शुक्रिया कहना चाहूँगा उर्दू के ज़हीन शोधार्थी और शिक्षक शाहिद, डॉ. लक्ष्मण और वरिष्ठ ग़ज़लकार प्रिय वीरेन्द्र खरे अकेला जी को जिन्होंने इसकी पांडुलिपि पढ़ी और अपनी महत्वपूर्ण प्रतिक्रिया दी। साथ ही जिन अज़ीम ग़ज़लकारों ने मुझे प्रभावित किया, मैं उनका तह-ए-दिल से शुक्रगुज़ार हूँ। मीर तकी मीर साहब, जनाब दाग देहलवी निदा फ़ाज़ली और हिन्दी के मशहूर ग़ज़लकार दुष्यंत कुमार जी, आप सभी आप सभी के लिये मेरी दिली अकीदत और एहतराम। आपकी कही और लिखी हुई बातों ने मुझे आगे बढ़ने की राह दिखायी। ये किताब आप तक पहुँच रही है तो इसमें महती भूमिका है वाणी प्रकाशन की जिसकी कार्यकारी निदेशिका आदरणीया अदिति माहेश्वरी गोयल का मैं किन लफ़्ज़ों में शुक्रिया करूँ जिन्होंने इसके प्रकाशन में रूचि दिखाते हुए अपनी सहमति दी। मैं शायर रउफ़ रज़ा के इस मक़बूल शेर के साथ अपनी बात पूरी करके संग्रह आपके हाथों में सौपता हूँ–

यहाँ-वहाँ से बिखर रहा हूँ ये शायरी है
मैं आज ऐलान कर रहा हूँ ये शायरी है

मैं जानता हूँ कि अगली सीढ़ी पे चाँद होगा
मैं एक सीढ़ी उतर रहा हूँ ये शायरी है

–डॉ. सुनील कुमार शर्मा

अनुक्रम

प्रेम जिजीविषा और उम्मीद की ग़ज़लें 5
अपने दिल का हाल सुनाऊँ तो दिल को आराम मिले... 11
मुझे पहले यूँ लगता था सहारा चाहिए मुझको 21
दुनिया में जब भी अपना हमराज़ बदलने लगता है 22
उन आँखों को कौन बताओ समझाएगा 23
देखी दुनियादारी भी सबका रंग बदलते देखा 24
आँखों के आगे ही रफ़्ता-रफ़्ता मंज़र बदला है 25
उसकी हस्ती मेरी हस्ती एक नहीं 26
बोलने वाला था सच तो धमकियाँ मिलने लगीं 27
दाँव पर तो लग चुकी थी ज़िन्दगी दोनों तरफ़ 28
आयीनों की ज़ुबाँ पढ़ कर तो देखिए हुज़ूर 29
जंगल-जंगल बस्ती-बस्ती मारे-मारे फिरते हैं 30
अभी भी याद आती हैं 31
ख़ुद से धोखा खा कर ख़ुद ही टूटा और गिरा होगा 32
दिल ने फिर से याद किया भूले बिसरे नातों को 33
कौन अदा करता है क़ीमत फूलों की मुस्कानों की 34
मेरे बस की बात नहीं 35
मर्ज़ ऐसा जो ख़ुद अपने ही दरमानों से हार गया 36
मेरे जज़्बात के क़दमों को अब मत बेड़ियाँ देना 37
चल कर इश्क़ की इन राहों पर अब बोलो पछताना क्या 38
बिन बोले ना यूँ हरदम भरमाया कर 39
चला था दिल हथेली पर मैं रख कर और क्या लाता 40

बेमतलब दिन-रात मचलती दुनिया को 41
तुम गये क्या फूल ये बेरंग सारे हो गये 42
इक दफ़ा आवाज़ देते तुम मुझे मैं दूर था क्या 43
ग़म अपना हर किसी को बता कर भी क्या करें 44
तप रहा हूँ और भी तप कर खरा हो जाऊँगा 45
ज़िन्दगी तब तक अधूरी है सुनो 46
शराफ़त की मिसालें अब बची कम हैं ज़माने में 47
वो आये तो चहल-पहल हो जायेगी 48
अंधेरे में छुप के बिना शोर निकले 49
बिन पैरों के चलता डाटा 50
दरअसल सबको सुख़न में आतिशें दिखला रहा हूँ 51
मर जाने पर तस्वीरों पे फूल चढ़ाने लगते हैं 52
बहारें ले के आयी हैं कोई पैग़ाम लगता है 53
हक़ीक़त सामने आ जायेगी क़ातिल ज़माने की 54
बस इंतज़ार किया वक़्त के गुज़रने का 55
जला कर ख़त भी रोते रह गये हम तो ज़माने में 56
वैसे मज़बूरी में ख़ुद भी बिकना पड़ता है 57
अदावत को हरदम अदावत मिली है 58
आख़िर कितना सच बोलें दिन हैं बेचारे उलझन में 59
उन लोगों का हरदम अच्छा होता है 60
चाँदनी गर रास्ता बतला गयी होती 61
तुम्हें हक़ दे दिया सारा तुम्हें ही सोचना होगा 62
मुद्दे भी रोज़ाना अपनी बात बदलते रहते हैं 63
ख़ता ये है हमें कुछ भी छुपाना ही नहीं आया 64
मैं लफ़्ज़ों से अपने दिल का हाल बताया करता था 65
दिल में चारों ओर भरा है केवल मेरा ख़ालीपन 66
तुम्हारी झील सी आँखों की हलचल मैं न भूलूँगा 67
उन अंजानी राहों पर भी चलना था दुश्वार हमें 68
सारे समय सफ़र में अकेला रहा हूँ मैं 69
हो न गर मेहंदी मेरे हाथों में तेरे नाम की 70
मुक़म्मल हो सकी ना जो कहानी याद है मुझको 71

क्यों न जाने रात भर मैं करवटें लेता रहा	72
आप तो रहते हैं मेरी साँसों की गहराइयों में	73
फूल उम्मीद के भी खिल नहीं पाये	74
हसीन ख़्वाबों के दरमियाँ ही असल में मंज़र बदल चुका था	75
होंटों पर मुस्कान खिली है लेकिन आँखें भी नम हैं	76
जब आती है ज़ख्म नया दे जाती है	77
उसका इक ख़त आ जाता है और उदासी जाती है	78
हो ग़म तो ख़ुद का चेहरा भी कभी अपना नहीं लगता	79
अगर वो साथ है तो फिर किसी की क्या ज़रूरत है	80
मुझमें जो मेरा हिस्सा है	81
कभी जहाँ पर उसका ठौर ठिकाना था	82
लिक्खी थी जो मेरी वो तक़दीर ढूँढ़ता हूँ	83
कल शाम फिर से होंटों पे उसका नाम आया	84
जिसको हमने अपना माना	85
जब से हमारे बीच में रिश्ता नहीं रहा	86
ज़िन्दगी की डोर पकड़े बन वो बंजारा गया	87
इधर उधर से ऐसे वैसे हासिल कर	88
हम पर जो आज कल है लबादा ये इश्क़ का है	89
वक़्त-ए-रुख़सत पे कुछ न सामान लिया	90
ज़िन्दगी चाहे मुझको तो छलती रही	91
किसको आवाज़ दे कर बुलाएँ कहो	92
बड़ा ही गहरा लगने लगता है	93
ग़रीबों के घरोंदों पर तो पक्की छत नहीं होती	94
बिल अब कहाँ बना भी रहे वो ज़मीन में	95
साकी इतनी जल्दी क्या है थोड़ी देर ठहर तो जा	96
इस तरह से कुछ गुज़ारी अपनी सारी ज़िन्दगी	97
ज़िन्दगी में हर ख़ुशी को पा गये	98
तीरगी में थोड़ी सी रौशनी मिली	99
काफ़ी गहरा याराना है अपना चाँद सितारों से	100
टूटे हुए परों से परवाज़ चाहते हैं	101
ढलते ही शाम देख लो ये छा गयी घटा	102

आँधियों में मशालें जलाते रहे 103
सभी यादें भुला के इक नया मंज़र बनाना है 104
कहा ये चाँद ने हमसे अभी तो रात बाक़ी है 105
ऐसे हालात से हम गुज़रते रहे 106
क्या गज़ब दुनिया में भी इन्सान है 107
एक दूजे से हम इक वादा करें 108
ज़िन्दगी में चोट भी खाया किये 109
हर इक जानिब मुहब्बतों से पाये ग़म के चर्चे हैं 110
क्या करूँ ये मन तो अब कुछ भी नहीं करता 111
तीरगी से उनकी होती रही लड़ाई है 112
वक़्त जितना भी मिला था पास आने के लिये 113
लम्स का एहसास है जो वो तो मर सकता नहीं 114
शमएँ जला के फिर से बुझाना यूँ रात भर 115
हो चुका है अब तो तेरा ही दिवाना दिल मेरा 116
देख लो तेवर हमारे और हैं 117
98. दिल ये बेकरार है फिर भी 118
है अगर मुश्किल तो क्या हम बैठ जायें हार कर 119
सितम का उसके कहे कोई कब हिसाब होगा 120
सच-सच सारी बात बताई लेकिन अपनी माने कौन 121
अब तो चेहरे पर चेहरा कुछ और लगाना पड़ता है 122
अम्बर में जो तन्हा बैठा दिल मेरा वो इक तारा है 123
अपने दिल का हाल सुनाऊँ तो दिल को आराम मिले 124
लोग बहुत कम ख़ुश होते हैं मिल कर अच्छे लोगों से 125
इज़्ज़त पे आँच हो कभी या बात जान की 126
अब सहा जाता नहीं मुझसे ज़माने का सितम 127
पीने वाले तो मयख़ाने की जानिब ही जाते हैं 128
तब्दीली ऐसी हो जाती है इक उसके आने से 129
भला रश्क़-ए-क़मर आख़िर किसे समझें तुम्हीं बोलो 130
किसी मुश्किल का हल तुमको मिले ना गर किताबों में 131
नूर मेरा दरअसल यह रौशनी है आपकी 132
उसकी यादों के सागर में डूब के आया हूँ 133

चिंगारी शोला बन जाती थोड़ी बहुत हवा देने से 134
इस बस्ती के मयखाने में बैठे सारे मस्ताने हैं 135
तप रहा हूँ और भी तप कर खरा हो जाऊँगा 136
अपनी मर्ज़ी से उसे तो रौशनी मिलती नहीं 137
जिनको अंगारों पर चलना आता है 138
बात जो तुमसे मिलने कि हो कर लेंगे तैयारी हम 139
उसकी ग़लती पर भी दे दी माफ़ी की सौगात उसे 140
एक दिलासा थपकी लोरी कितनी ताक़त बो जाते हैं 141

मुझे पहले यूँ लगता था सहारा चाहिए मुझको

मुझे पहले यूँ लगता था सहारा चाहिए मुझको
मगर अब जा के समझा हूँ किनारा चाहिए मुझको

तुम्हारे साथ गुज़रे पल भला कब भूल पाया हूँ
वही बीता हर इक लम्हा दुबारा चाहिए मुझको

तुम्हारी झील सी आँखों में ख़ुद को डूब कर देखूँ
रहे नज़रों में हरदम वो नज़ारा चाहिए मुझको

मिला है सब ज़माने में फक़त अब एक अरमां है
हमेशा साथ हर पल अब तुम्हारा चाहिए मुझको

अगर दुनिया से लड़ना भी पड़े तो मैं अकेला ही
लड़ूँगा बस तुम्हारा इक इशारा चाहिए मुझको

जो मेरा चाँद है उसको सजाने के लिये हर दिन
चमकता आसमां का हर सितारा चाहिए मुझको

हुआ ज़ाया बड़ा ही वक़्त इस मेरे-तुम्हारे में
कि 'शर्मा' आज से सब कुछ हमारा चाहिए मुझको

दुनिया में जब भी अपना हमराज़ बदलने लगता है

दुनिया में जब भी अपना हमराज़ बदलने लगता है
सबसे पहले वो अपने अल्फ़ाज़ बदलने लगता है

बन जाये जब झूठ ही सारे काम निकलने का ज़रिया
सच्चा इन्सां भी अपनी आवाज़ बदलने लगता है

जब कोई तारीफ़ों पर बख़्शीश लुटाने लग जाये
गाने वाला फिर अपने सुर साज़ बदलने लगता है

मंज़िल के रस्ते में मुश्किल से टकराना पड़ जाये
एक परिंदा भी अपनी परवाज़ बदलने लगता है

जब महफ़िल में अच्छे शेरों पर भी दाद नहीं आती
'शर्मा' जैसा शायर भी अंदाज़ बदलने लगता है

उन आँखों को कौन बताओ समझाएगा

उन आँखों को अब कौन भला समझाएगा
समझो कहकर केवल एहसान चढ़ाएगा

मन भी दर्पन बन अपना अक्स दिखाता है
उसकी नज़रों को क्या कोई बहकाएगा

रस्मन जब भी रंगत ग़म की धुल जायेगी
ख़ुशियों का ये रंग भी तन्हा रह जायेगा

रिश्तों ने किश्तों में बारी-बारी छोड़ा
यादों में वो आख़िर फिर से क्यों आयेगा

बेमकसद है जाने जाँ महफ़िल तेरे बिन
पर दीवानों को कोई क्या समझाएगा

देखी दुनियादारी भी सबका रंग बदलते देखा

देखी दुनियादारी भी सबका रंग बदलते देखा
जिसने जैसा साँचा पाया उसको वैसा ढलते देखा

सिगनल पर करतब भी देखे गुब्बारों की बिक्री भी
छोटी-छोटी उन आँखों में सारा जहाँ मचलते देखा

जादू ना बोला जाये तो उसको आख़िर क्या बोलें
भूखे पेटों की गर्मी से लोहा गरम पिघलते देखा

सबके आगे अम्न चैन की बातें करने वालों को
दरवाज़े के पीछे बैठे ख़ालिस ज़हर उगलते देखा

अपनों में रेवड़ियाँ बँटते दिख जाये तो हैरत क्या
झूठों को सच्चों से आगे सीना ताने चलते देखा

देखा ज़िम्मेदारी को भी इन्सानों का रूप लिये थी
बोझ पीठ पर ढोते पैरों के तलवों को जलते देखा

ख़ुद तक़दीरें लिख लेता है कोई अपने हाथों से
क़िस्मत पर पत्थर को मेहनत की भट्ठी में गलते देखा

आँखों के आगे ही रफ़्ता-रफ़्ता मंज़र बदला है

आँखों के आगे ही रफ़्ता-रफ़्ता मंज़र बदला है
कोई नहीं ये कह सकता है दरिया किस दिन सूखा है

किसने बोला इश्क मुहब्बत तय होते हैं ऊपर से
दिल दे कर दिल लेना आख़िर ये भी तो इक सौदा है

दुनिया से मिलते हैं लेकिन ख़ुद को देते वक़्त नहीं
हर इन्सां का कुछ दिन तन्हाई में रहना अच्छा है

माना अपनी किस्मत सारे ले कर आते हैं लेकिन
वक्त भी ख़ुद को साबित करने का देता इक मौक़ा है

अच्छा है सबको ख़ुश करना लेकिन सच तो ये भी है
सबको ख़ुश करने वाला ख़ुद ग़म में डूबा रहता है

उसकी हस्ती मेरी हस्ती एक नहीं

उसकी हस्ती मेरी हस्ती एक नहीं
अलग-अलग है अपनी कश्ती एक नहीं

अगर मुहब्बत दुनियादारी से तोलो
हो जायेगी महँगी-सस्ती एक नहीं

फ़र्क बड़ा होता है शौक़े ज़रूरत में
उसकी मस्ती मेरी मस्ती एक नहीं

ग़ौर से देखोगे तो फ़र्क दिखेगा ये
इश्क़ मुहब्बत हुस्न परस्ती एक नहीं

यहीं तलक था साथ हमारा ये मानो
उसकी बस्ती मेरी बस्ती एक नहीं

बोलने वाला था सच तो धमकियाँ मिलने लगीं

बोलने वाला था सच तो धमकियाँ मिलने लगीं
झूठ कहते ही खनकती थैलियाँ मिलने लगीं

हम भटक कर हो गये थे जब परेशां तो हमें
राह दिखलाती हुई कुछ तितलियाँ मिलने लगीं

देर थी इतनी सी बस जैसे मिला मौका उन्हें
आसमां छूती हुई तब बेटियाँ मिलने लगीं

इक ज़माने से मकां जो बन्द था उसमें हमें
ताज़गी लाती हुई फिर खिड़कियाँ मिलने लगीं

बैठने को भी नहीं पूछा गया वो इक समय
होते ही मशहूर उसको कुर्सियाँ मिलने लगीं

दाँव पर तो लग चुकी थी ज़िन्दगी दोनों तरफ़

दाँव पर तो लग चुकी थी ज़िन्दगी दोनों तरफ़
बढ़ रही थी इश्क़ कि भी तिश्नगी दोनों तरफ़

फिर कहाँ था होश भी दो जाँ मिले कुछ इस तरह
रफ़्ता-रफ़्ता छा रही थी बेख़ुदी दोनों तरफ़

तीरगी में रौशनी थी रौशनी में तीरगी
हो रही थी कुछ न कुछ जादूगरी दोनों तरफ़

क्या गज़ब की भूल बैठे लफ्ज़ भी अपना पता
थी अगर कुछ तो फ़क़त थी ख़ामुशी दोनों तरफ़

अश्क आँखों में लिये दिल कह रहे थे अलविदा
हो रही थी बात आख़िर आख़िरी दोनों तरफ़

आयीनों की ज़ुबाँ पढ़ कर तो देखिए हुज़ूर

आयीनों की ज़ुबाँ पढ़ कर तो देखिए हुज़ूर
ग़म की ये दास्ताँ पढ़ कर तो देखिये हुज़ूर

हम दोनों के मिलते जुलते हैं ख़्याल भी
मेरे दिल का बयाँ पढ़ कर तो देखिये हुज़ूर

ख़ूबसूरती में तो शामिल होते हैं कुछ दाग़
चाँद पे जो हैं निशाँ पढ़ कर तो देखिये हुज़ूर

फिर कोई काम नहीं होगा ग़लत आपका भी
हो चुकी जो ग़लतियाँ पढ़ कर तो देखिये हुज़ूर

लिखते हैं मौसम दिन भर क्या जान लेंगे आप
ये ज़मीं और आसमाँ पढ़ कर तो देखिए हुज़ूर

जंगल-जंगल बस्ती-बस्ती मारे-मारे फिरते हैं

जंगल-जंगल बस्ती-बस्ती मारे-मारे फिरते हैं
प्यार की ख़ातिर हम जैसे तो हाथ पसारे फिरते हैं

जिस दिन से देखा है उनको खोया-खोया रहता हूँ
मेरी आँखों में वो नैना प्यारे-प्यारे फिरते हैं

छोड़ न पाये मेंहदी वाला रंग किसी के हाथों में
आज मिटाते रूह से अपने धब्बे कारे फिरते हैं

सब कहते हैं सच्चे दिल से जो माँगो मिल जाता है
सारे आशिक़ सजदा करते साथ हमारे फिरते हैं

इश्क़ मिला उसको ही अपना जो दरिया में डूब गया
क्या समझेंगे इश्क़ ख़ुदा है वो जो किनारे फिरते हैं

शाम ढले ही अफ़रा-तफ़री करते वो दिख जाते हैं
ना जाने क्या हासिल करने जुगनू सारे फिरते हैं

ठोकर मिलती है पर मायूसी में उम्र नहीं कटती
एक न एक दिन सबकी ही क़िस्मत के सितारे फिरते हैं

अभी भी याद आती हैं

अभी भी याद आती हैं वो गुज़रे वक़्त की बातें
तुम्हें भी क्या सताती हैं वो गुज़रे वक़्त की बातें

लकीरें रेत पर दिल की बड़े ही प्यार से अब भी
बनाती हैं मिटाती हैं वो गुज़रे वक़्त की बातें

मैं दिखता हूँ बड़ा बेबस कभी गर देख लूँ उनमें
जो आईने दिखाती हैं वो गुज़रे वक़्त की बातें

अगर होता ये मुमकिन तो मैं माज़ी में चला जाता
पलट कर फिर बुलाती हैं वो गुज़रे वक़्त की बातें

फ़क़त मिलना नहीं होता मुक़म्मल इश्क़ का होना
ये शिद्दत से बताती हैं वो गुज़रे वक़्त की बातें

ख़ुद से धोखा खा कर ख़ुद ही टूटा और गिरा होगा

ख़ुद से धोखा खा कर ख़ुद ही टूटा और गिरा होगा
इक आँसू नज़रों से बचकर कुछ ऐसे छलका होगा

जिन आँखों में इक क़ातिल के साथ ख़ुदा को देखा था
उसके बिन तो हर क़िस्सा भी हर लम्हा तड़पा होगा

इस मज़बूरी को भी ये हालात झुका लेंगे आख़िर
कहते ही ये रूह के दामन पर भी दाग़ लगा होगा

छत से हो कर आँगन में जब उस दिन चाँद उतर आया
सबसे बच कर चिलमन में ही पूरी रात छुपा होगा

दीवानों के शहर जो उजड़े फिर एक बार बसे होंगे
हर इक टूटा रिश्ता भी फिर रब से ख़ास बना होगा

दिल ने फिर से याद किया भूले बिसरे नातों को

दिल ने फिर से याद किया है भूले बिसरे नातों को
अब मुश्किल है अन्दर रखना अपने सब जज़्बातों को

उसकी एक झलक पाने को अक्सर भीगा करता था
छोड़ दिया है याद भी करना मैंने उन बरसातों को

मुझसे बातें कर लेता था तन्हाई में चाँद कभी
अब तो जुगनू भी ख़ामोशी से जाते हैं रातों को

उस रस्ते के पेड़ों फूलों भँवरों से भी रिश्ता था
उसके बिन अब कौन निभाए उन सब रिश्ते नातों को

ख़ुशबू से तर चिट्ठी, सूखी पँखुड़ियाँ, कुछ ठहरे पल
अर्सा पहले देखा था उन प्यार भरी सौगातों को

कौन अदा करता है क़ीमत फूलों की मुस्कानों की

कौन अदा करता है क़ीमत फूलों की मुस्कानों की
कोई क़द्र नहीं दिखती जब दुनिया में ईमानों की

रुख़सारों पे रूठे बैठे हैं वो काले तिल देखो
आस नहीं दिखती आँखों में उन अल्लहड़ अरमानों की

ख़ुद के भीतर ही अंधियारा है जब बाहर क्या देखें
ग़ज़लों ने पूछा कब बातें होंगी अब इन्सानों की

आज मशीनी हैवानों से कैसे निपटें मुश्किल है
क़ीमत क्या उनकी आँखों में बद हालत नादानों की

सच को झूठ बना देते हैं कुछ लोगों की फ़ितरत है
कौन करेगा रहबर बातें आज तेरे एहसानों की

दीवानों की बस्ती में मत हाल किसी का पूछो तुम
दीवारों पर मिल जायेंगी तहरीरें अफ़्सानों की

मिल तो लेते हैं पर सुख दु:ख कैसे अपना बतलाएँ
महफ़िल तो अपनों की है पर बातें हैं बेगानों की

मेरे बस की बात नहीं

इश्क़ से कैसे नफ़रत कर लूँ मेरे बस की बात नहीं
उन सारी गलियों को भूलूँ मेरे बस की बात नहीं

हालातों से डर कर हालातों से समझौता करना
बोलो ऐसा कैसे कर लूँ मेरे बस की बात नहीं

दीवाना मैं हूँ तो दीवानों सी बातें जायज़ हैं
उन लफ़्ज़ों से कैसे मुकरूँ मेरे बस की बात नहीं

वक़्त हमेशा साथ किसी का कब देता है दुनिया में
पर ख़्वाबों का सौदा कर लूँ मेरे बस की बात नहीं

जिसको जो कहना हो मैं तो बस मेरे रब की मानूँ
रोज़ नया इक चेहरा बदलूँ मेरे बस की बात नहीं

मर्ज़ ऐसा जो ख़ुद अपने ही दरमानों से हार गया

मर्ज़ ऐसा जो ख़ुद अपने ही दरमानों से हार गया
मुझको देखो जो अपने ही अरमानों से हार गया

क़िस्सों की मानें तो क़िस्सों ने बहुतों को लूटा है
इक क़िस्से में इक क़िस्सा भी एहसानों से हार गया

दिल की सीधी सच्ची बातों पे चल पाया ज़ोर कहाँ
ख़ुद को दानिशवर जो कहता नादानों से हार गया

उसके ही तो आशिक़ थे ये धरती बारिश आग हवा
पर वो भी तो तेरे ही इन दीवानों से हार गया

तुझको पाकर भी ना पाने का तो होगा रंज मुझे
फिर भी जाने क्यों मैं तेरे फ़रमानों से हार गया

दुनिया वालों के आगे था झुकना नामंज़ूर मुझे
मैं अपने ही भीतर उठते तूफानों से हार गया

गैरों की साज़िश का पैमाना उसको मालूम था पर
वो अपनों की साज़िश के ही पैमानों से हार गया

मेरे जज़्बात के क़दमों को अब मत बेड़ियाँ देना

मेरे जज़्बात के क़दमों को अब मत बेड़ियाँ देना
कि तुम इन बेघरों को कोई अच्छा आशियाँ देना

बहुत मुश्किल से अपने आपको मैंने संभाला है
मुझे फिर याद कर के अब नहीं तुम हिचकियाँ देना

मेरे अश्कों से भीगे थे जो काग़ज़ हो चुके पत्थर
नया पैग़ाम देकर तुम मुझे मत सिसकियाँ देना

ये मेरा मशवरा है हो सके तो याद रखना तुम
किसी को भी नहीं धोखा सफ़र के दरमियाँ देना

हमारी बीच रिश्ते में बहुत अच्छी ये दूरी है
अगर मुमकिन हो इसको और थोड़ी दूरियाँ देना

अगर तोहफ़े में कुछ देना ही चाहत है तुम्हारी तो
हमारे दास्तान ए इश्क़ को ख़ामोशियाँ देना

हो तन्हाई में दीवाना किसी के इश्क़ में तड़पे
किसी इन्सान को मौला न ऐसी ख़ूबियाँ देना

चल कर इश्क़ की इन राहों पर अब बोलो पछताना क्या

चल कर इश्क़ की इन राहों पर अब बोलो पछताना क्या
चार दिनों की इस अंजानी ग़फ़लत पर इतराना क्या

क्या लाचारी ऐसी झूठी क़समें खाने की बोलो
रमते जोगी से पूछोगे तेरा ठौर-ठिकाना क्या

पानी पी-पी कर कितनों ने भूख मिटाई है सोचो
रब को भूलें महलों की ख़ातिर फिर यूँ मर जाना क्या

कौन कहाँ तक साथ चलेगा ये तो उसकी मर्ज़ी है
बातें तो बातें हैं इन बातों से फिर घबराना क्या

जो बोला तस्वीरों ने ही बाक़ी तो सब गूंगे थे
बहरों की महफ़िल में ग़ज़लें गा कर रस्म निभाना क्या

अंजाने तो देख तमाशा अपने रस्ते चल देते
उन लोगों को पास बुला कर हाल-ए-दिल बतलाना क्या

अपना हुक्म सुना देते हैं सिर्फ़ दलीलें सुन कर जो
क्या बतलाएँ उनको आख़िर सच है क्या अफ़साना क्या

बिन बोले ना यूँ हरदम भरमाया कर

बिन बोले मत यूँ हरदम भरमाया कर
ओ साक़ी मुझको भी कुछ बतलाया कर

दिल मेरा अब और कहीं ना लगता है
चाँद कभी तो मुझसे मिलने आया कर

ना आओ गर ईद में कोई बात नहीं
मावस में चुपके से तू आ जाया कर

बिना बुलाए जो आ जाता है हरदम
उस बादल को भी तो कुछ समझाया कर

ख़ामोशी तो उलझन पैदा करती है
कुछ कह कर इस उलझन को सुलझाया कर

इतनी भी ज़िद करना देखो ठीक नहीं
इत्तेफ़ाक़न मुझको छूकर जाया कर

और रवायत जो ये मुसलसल अपनी है
रोज़ न रातों का यूँ कर्ज़ चुकाया कर

चला था दिल हथेली पर मैं रख कर और क्या लाता

चला था दिल हथेली पर मैं रख कर और क्या लाता
लुटी हैं महफ़िलें इस शहर की मैं क्या भला लाता

ये जुमले ख़ैरियत के, कहकहे-क़िस्से रवायत के
मैं इनमें रहकर अपनी आँखों का पानी सुखा आता

उम्र की शोख़ियों के साथ दुनियादारियाँ सूखी
वगरना ढूँढ़ते हो तुम जो चेहरा मैं छुपा लाता

न अंदाज़ा उम्र का भी हँसी में जो यूँ गुज़री है
उमर को झुर्रियों से छीन कर कैसे बचा लाता

बिखरने की बिछुड़ने की शिकायत कब किसी से है
दग़ाओं से भला मैं वक़्त की क्या-क्या चुरा लाता

बेमतलब दिन-रात मचलती दुनिया को

बेमतलब दिन-रात मचलती दुनिया को
बोलें भी क्या आग उगलती दुनिया को

बाहर की जलती दुनिया को छोड़ो भी
देखो मेरे दिल में जलती दुनिया को

औरों की ख़ातिर तो क़िस्से ढेरों हैं
क्या बतलाऊँ ख़ुद में पलती दुनिया को

शायद इसको दुनियादारी कहते हैं
जब दुनिया है ख़ुद ही छलती दुनिया को

बदले हो तुम तो इसमें क्या हैरत है
देख रहा हूँ रोज़ बदलती दुनिया को

ताक़तवर ने जब भी जैसा चाहा है
वैसे-वैसे देखा ढलती दुनिया को

अपनी मंज़िल को पा कर दिखलाऊँगा
मेरा रस्ता काट के चलती दुनिया को

तुम गये क्या फूल ये बेरंग सारे हो गये

तुम गये क्या फूल ये बेरंग सारे हो गये
गुम हुई रौनक कि फीके चांद तारे हो गये

चोर से करने हिफ़ाज़त कश्तियाँ सौंपी जिन्हें
वह समंदर के तो ख़ुद नामी लुटेरे हो गये

आग के दरिया में क्या है डूब जाने का मज़ा
वो भला क्या जानते हैं जो किनारे हो गये

ग्रीन टी, म्यूज़िक, किताबें, क़िस्से, शेरो शायरी
जो तुम्हारे शौक़ थे वो शौक़ मेरे हो गये

मुद्दतों के बाद जब वो कल अचानक से मिली
हो गयी मायूस बोली तुम ये कैसे हो गये

इक दफ़ा आवाज़ देते तुम मुझे मैं दूर था क्या

इक दफ़ा आवाज़ देते तुम मुझे मैं दूर था क्या
जो किया तुमने वो बोलो प्यार का दस्तूर था क्या

ख़त तो मैंने पढ़ लिया था दिल को कब समझा सका ये
तुम भले मजबूर थे पर प्यार भी मजबूर था क्या

सच! तुम्हारी उस गली में ज़िक्र मेरा आज भी है
प्यार का क़िस्सा हमारा इस क़दर मशहूर था क्या

चाँदनी सी रोशनी तुम आये थे तब हो गयी थी
चाँद तो बादल में था फिर वो तुम्हारा नूर था क्या

जब अकेला बैठता हूँ बस यही मैं सोचता हूँ
फ़ैसला 'शर्मा' की क़िस्मत को यही मंज़ूर था क्या

ग़म अपना हर किसी को बता कर भी क्या करें

ग़म अपना हर किसी को बता कर भी क्या करें
दिल अपना दिलजलों को दिखा कर भी क्या करें

जब रात कट गयी हो अंधेरे में ही तो फिर
दिन में चिराग़ सारे जला कर भी क्या करें

कहने को गर हो पास मगर बेरुख़ी भी हो
उस शख़्स को तो दिल में बसा कर भी क्या करें

एहसास गर न हो किसी को तो कहो भला
एहसान हम तो उसपे जता कर भी क्या करें

हो कोई जंग चाहे कोई खेल क्यों न हो
हारा हुआ है उसको हरा कर भी क्या करें

वादों को तोड़ने का जिसे ख़ूब शौक़ हो
ऐसे किसी से वादा निभा कर भी क्या करें

महफ़िल में क़द्रदां न मिले हमको गर कोई
फिर तो ग़ज़ल हम अपनी सुना कर भी क्या करें

तप रहा हूँ और भी तप कर खरा हो जाऊँगा

तप रहा हूँ और भी तप कर खरा हो जाऊँगा
हर जुबां पर आयेगा वो माजरा हो जाऊँगा

मैं क़लम का हूँ सिपाही ये मेरी तक़दीर है
सबको ख़ुश करने लगा तो मसखरा हो जाऊँगा

सिर्फ़ एहसासों की कोई क़ब्र मत समझो मुझे
देख लेना एक दिन मैं मक़बरा हो जाऊँगा

आसमां को देख कर बोला परिंदा क़ैद से
छोड़ दो मुझको नहीं तो अधमरा हो जाऊँगा

आज दिल का ज़ख्म 'शर्मा' रात भर कहता रहा
याद मत करना उसे वर्ना हरा हो जाऊँगा

ज़िन्दगी तब तक अधूरी है सुनो

ज़िन्दगी तब तक अधूरी है सुनो
इश्क़ से जब तक कि दूरी है सुनो

झूठ के पन्नों पे सच लिखने लगी
ये क़लम भी बेशऊरी है सुनो

ठोकरों से ही मिली ये सीख है
ग़ैरों से दूरी ज़रूरी है सुनो

लोग हल्का आँक लेते हैं तुम्हें
सादगी की ये मजूरी है सुनो

ज़िन्दगी 'शर्मा' हुई शतरंज सी
कशमकश हर ओर पूरी है सुनो

शराफ़त की मिसालें अब बची कम हैं ज़माने में

शराफ़त की मिसालें अब बची कम हैं ज़माने में
रहेंगी तब तलक ये जब तलक हम हैं ज़माने में

भला इक बात की ख़ातिर करें क्यों ज़िन्दगी ज़ाया
बहुत बातें अभी बाकी बहुत ग़म हैं ज़माने में

बड़ी तकलीफ़ में है वो ख़बर उसको नहीं लेकिन
दुआ करती हुई आँखें कहीं नम हैं ज़माने में

मुहब्बत और भोलापन लगे गुज़री हुई बातें
उसे देखा लगा अब भी ये कायम हैं ज़माने में

करम कर ख़ुद से ही चुन लो यहीं जो चाहते हो तुम
कि शय दोनों ही जन्नत और जहन्नम हैं ज़माने में

वो आये तो चहल-पहल हो जायेगी

वो आये तो चहल-पहल हो जायेगी
मेरी कुटिया ताजमहल हो जायेगी

जो कहती थी मुझको तुमसे प्यार नहीं
मेरे बिन वो कल बेकल हो जायेगी

हर पल वो मुझको ही देखा करती है
इक दिन वो सच में पागल हो जायेगी

इस महफ़िल को आज बसा लो यादों में
शाम ये आँखों से ओझल हो जायेगी

बैठो तो यारों 'शर्मा' के शेर सुनो
जीवन की हर मुश्किल हल हो जायेगी

अंधेरे में छुप के बिना शोर निकले

अंधेरे में छुप के बिना शोर निकले
नगर में लुटेरे सभी ओर निकले

जो एलान करते रहे बस भले की
नकाबों के पीछे वही चोर निकले

सुलझना तो मुश्किल नहीं गुत्थियों का
मगर है ज़रूरी कोई छोर निकले

गवाही की मेरे लिये बात आयी
ज़ुबां के तो अपने भी कमज़ोर निकले

फक़त रात काटने को ठहरे हैं 'शर्मा'
कि फिर चल पड़ेंगे ज़रा भोर निकले

बिन पैरों के चलता डाटा

बिन पैरों के चलता डाटा
ज़ह्नों में अब पलता डाटा

इन्सानों को क्या बोलें अब
सच में झूठ बदलता डाटा

खो जाते इसके सागर में
कुछ ऐसे है छलता डाटा

कब्ज़ा सब कुछ पर कर लेगा
जीवन में ये ढलता डाटा

तोहफ़े तो पहले मिलते थे
अब तो सबसे मिलता डाटा

दरअसल सबको सुख़न में आतिशें दिखला रहा हूँ

दर असल सबको सुख़न में आतिशें दिखला रहा हूँ
यूँ समझिए धूप में मैं बारिशें दिखला रहा हूँ

काम तो ख़तरे का है लेकिन ये ज़िम्मा भी मेरा है
मैं नकाबों को हटा कर साज़िशें दिखला रहा हूँ

बेतुकी कह कर न समझे ये मेरे अपने कभी भी
रह गयीं आधी अधूरी ख़्वाहिशें दिखला रहा हूँ

वक़्त की थी वो नज़ाकत इसलिये मैं चुप रहा बस
और वो समझे कि उनसे रंज़िशें दिखला रहा हूँ

जंग ख़्वाबों से रवायत से ज़माने से है करना
इश्क़ में होती हैं क्या-क्या कोशिशें दिखला रहा हूँ

मर जाने पर तस्वीरों पे फूल चढ़ाने लगते हैं

मर जाने पर तस्वीरों पे फूल चढ़ाने लगते हैं
लोग जमा हो कर यादों में शम्अ जलाने लगते हैं

जीते जी कब मिलती फ़ुर्सत जो लेते ना हाल कभी
इक दिन फिर वो ही मिट्टी पर अश्क बहाने लगते हैं

अपने भी ग़ैरों से होते जब तक ख़ाली हाथ रहे
कुछ पाते ही सब रिश्तों के रस्म निभाने लगते हैं

सोता हूँ तो कोशिश करता हूँ उसको ना सोचूँ मैं
शब भर उसके ही सपनें बस मुझको आने लगते हैं

दुनिया भर कि चीज़ें पा कर भी नाख़ुश हैं लोग बड़े
एक खिलौना पा कर भी बच्चे मुस्काने लगते हैं

ऐसे भी कुछ दोस्त मिले हैं जो इक मौका मिलते ही
भूले बिसरे ज़ख्मों के एहसास दिलाने लगते हैं

वीराने में भी उन राहों पर डरने की बात नहीं
'शर्मा' जो रस्ते हमको जाने पहचाने लगते हैं

बहारें ले के आयी हैं कोई पैग़ाम लगता है

बहारें ले के आयी हैं कोई पैग़ाम लगता है
हुई आहट है दरवाज़े पे सुब्ह-ओ-शाम लगता है

अभी डूबा हुआ हूँ मैं तुम्हारे ही ख़यालों में
मैं अपना नाम देखूँ तो तुम्हारा नाम लगता है

अभी मंज़िल के बारे में तो मैंने सिर्फ़ सोचा है
बड़ा ही ख़ुशनुमा होगा मगर अंजाम लगता है

कभी तन्हाइयों में मैं तुम्हारे ख़त जो पढ़ता हूँ
हो जितना दर्द चाहे दिल को पर आराम लगता है

तुम्हारे साथ बीते जब पलों को याद करता हूँ
मुझे कब फिर ज़रूरी कोई दूजा काम लगता है

हक़ीक़त सामने आ जायेगी क़ातिल ज़माने की

हक़ीक़त सामने आ जायेगी क़ातिल ज़माने की
न कोई वजह भी देगा कभी गर मुस्कुराने की

मुझे तुम मिल नहीं पाते कभी ये तो हक़ीक़त है
अगर कोशिश नहीं करता मुक़द्दर आज़माने की

न करना था तुम्हें इक़रार तो इनकार कर देते
ज़रूरत ही तुम्हें क्या थी बहाना यूँ बनाने की

मुझे मालूम है ये इसलिये शिक़वा न तुमसे है
है कब आदत तुम्हें अपना कोई वादा निभाने की

तुम्हारा इस तरह ख़ामोश हो जाना क़यामत है
बता देते जो सच था क्या ज़रूरत थी छुपाने की

यही लोगों कि फ़ितरत है तो फिर परवाह क्या करना
करे चर्चा ये दुनिया गर हमारे ही फ़साने की

सही होगा यही सबकुछ बिगड़ जाने से पहले तो
हिदायत उनको दी जाये घर अपने लौट जाने की

बस इंतज़ार किया वक़्त के गुज़रने का

बस इंतज़ार किया वक़्त के गुज़रने का
तमाशा देख लिया डूब के उभरने का

बड़ा अजीब है दुनिया में रंगे उल्फ़त ये
चढ़े तो नाम न ले फिर कभी उतरने का

यहाँ दुकां भी मोहब्बत की खुल रही अब तो
मकाम ये तो नहीं है मेरे ठहरने का

गिला भी क्या करें उससे भला कभी सोचो
मिला हो वक़्त नहीं जिसको तो निखरने का

फ़ना भी क्या करें तन्हाइयाँ उसे जिसको
ज़रा भी ख़ौफ़ नहीं टूट के बिखरने का

जला कर ख़त भी रोते रह गये हम तो ज़माने में

जला कर ख़त भी रोते रह गये हम तो ज़माने में
किसी के होते-होते रह गये हम तो ज़माने में

किसी ने हाथ मेरा थाम कर गिरने से रोका था
वो इक एहसान ढोते रह गये हम तो ज़माने में

मेरी मज़बूरियों ने बेवफ़ाई नाम पाया है
लगा जो दाग़ धोते रह गये हम तो ज़माने में

मेरी तन्हाइयों का वो सहारा गुम हुआ जबसे
कि तकिए को भिगोते रह गये हम तो ज़माने में

हर इक लम्हा हर इक मंज़र मेरी आँखों के आगे था
वही यादें सँजोते रह गये हम तो ज़माने में

कहाँ मौका मिला दामन जो ख़ुशियों से भरें अपना
ग़मों के पल पिरोते रह गये हम तो ज़माने में

है ख़ालीपन भरा मुझमें रहा ना और कुछ बाक़ी
हर इक ख़्वाहिश को खोते रह गये हम तो ज़माने में

वैसे मज़बूरी में ख़ुद भी बिकना पड़ता है

वैसे मज़बूरी में ख़ुद भी बिकना पड़ता है
पानी को भी अक़्सर प्यासा रहना पड़ता है

सच की हाला घुल जाये चाहे नस-नस में
फिर भी ख़्वाबों को दिल में संजोना पड़ता है

गिरने का तो ये है कोई भी गिर सकता है
अपनी चाहत पर ख़ुद पहरा देना पड़ता है

ख़्वाबीदा लम्हों से ये जीवन कब चलता है
ख़ुद को बहला कर भी ज़िन्दा रहना पड़ता है

मिदहत झूठी अब सिक्कों की ख़ातिर होती हैं
फ़र्सूदा वादों से दिल बहलाना पड़ता है

अदावत को हरदम अदावत मिली है

अदावत को हरदम अदावत मिली है
मुहब्बत जो की तो मुहब्बत मिली है

चुना रहनुमा जिस किसी ने भी जैसा
तो वैसी ही उसको हुकूमत मिली है

जहाँ भी सियासत हुई रोटियों पर
वहाँ हमने देखा बग़ावत मिली है

दिखा झूठ महफ़ूज़ दुनिया में अक्सर
कहाँ सच को अब तक हिफाज़त मिली है

ख़ुदा जाने कैसा ये वक़्त आ गया है
घरों में भी होती सियासत मिली है

आख़िर कितना सच बोलें दिन हैं बेचारे उलझन में

आख़िर कितना सच बोलें दिन हैं बेचारे उलझन में
रातों ने तोड़े जाने कितने वादे इस आँगन में

इतना खोया मैंने अब तक ख़ुद को भी मैं भूल गया
किस हसरत से देखूँ तो बोलो मैं अब इस दरपन में

उस ख़त को पढ़ते-पढ़ते उस पे क्या गुज़री वो जाने
पर तब से फूलों ने हँसना छोड़ दिया है गुलशन में

चाँद निकलता हर शब उसकी जाने क्या मज़बूरी है
रब ही जाने आग लगी है कब से उसके तन-मन में

देखो हर दम अपनी ही बैचेनी से हारा हूँ मैं
अरमानों को छोड़ूँ कैसे और रखा क्या जीवन में

•

उन लोगों का हरदम अच्छा होता है

उन लोगों का हरदम अच्छा होता है
जिन लोगों को हमने चाहा होता है

ख़ुद से जब महसूस किया तो ये जाना
इश्क़ का दरिया हद से गहरा होता है

उनके लहजे में कड़वापन लाज़िम है
जिनकी क़िस्मत में बस धोखा होता है

बैठे-बैठे यूँ ही कुछ मिलता है कब
अपने हक़ की ख़ातिर लड़ना होता है

आ जाता है घर में कोई उस दिन ही
जिस दिन मुझको उससे मिलना होता है

माँग न करना जिनकी फ़ितरत होती है
उनका हिस्सा पहले रक्खा होता है

जो बस अफवाहें फ़ैलाते हैं उनको
सच से क्या ही लेना-देना होता है

चाँदनी गर रास्ता बतला गयी होती

चाँदनी गर रास्ता बतला गयी होती
फिर तो चिड़िया घोंसले में आ गयी होती

गर न होता जीने का उसको तजुर्बा तो
अब तलक दुनिया उसे तो खा गयी होती

दर्द आँखों में छुपा लेते यक़ीनन हम
ज़िन्दगी ये गुर अगर सिखला गयी होती

हम नहीं बर्बाद होते इश्क़ में पड़ कर
जाते-जाते गर न वो मुस्का गयी होती

छोड़ दी उसने तो अपनी कोशिशें वर्ना
उसकी मेहनत कब का मंज़िल पा गयी होती

रोक कर जादू न रखती गर निगाहों की
अब तलक दुनिया को वो बहला गयी होती

ख़त्म कर दी ख़्वाहिशें अपनी वगरना ये
ज़िन्दगी को और भी उलझा गयी होती

तुम्हें हक़ दे दिया सारा तुम्हें ही सोचना होगा

तुम्हें हक़ दे दिया सारा तुम्हें ही सोचना होगा
मुझे मंज़ूर होगा जो तुम्हारा फ़ैसला होगा

यहाँ इस झूठ के मेले में सच की कौड़ियाँ लेकर
जो बन्दा जा रहा है वो यक़ीनन सिरफिरा होगा

ये अब बेजान है लेकिन ये इसके पर बताते हैं
परिंदा गिरने से पहले बहुत ऊँचा उड़ा होगा

गये तुम जब थे रिश्ता तोड़ चुप तब भी रहा था मैं
अगर आओगे वापस भी तो मेरा दर खुला होगा

अकेला बैठकर वो रात भर बस फूट कर रोया
उसे शायद कहीं कोई पुराना ख़त मिला होगा

जो दीवाना हुआ सब कुछ भुला बैठा हो अपना भी
किसी से क्या भला अब उसको तो शिक़वा गिला होगा

उसे गर ढूँढ़ना हो तो यही पहचान है उसकी
कहीं वो जाम हाथों में लिये बेसुध पड़ा होगा

मुद्दे भी रोज़ाना अपनी बात बदलते रहते हैं

मुद्दे भी रोज़ाना अपनी बात बदलते रहते हैं
दफन है जो दिल में गहरे वो भी उभरते रहते हैं

क़िस्सों को मत छूना चाहे रोज़ उन्हें पढ़ लेना तुम
क़िस्से भी तो अक्सर ही बस ज़हर उगलते रहते हैं

जब ओटीपी से हो जाये इश्क़ मोहब्बत का मिलना
फिर रिश्ते भी कपड़ों जैसे रंग बदलते रहते हैं

रहबर तुम क्या जानो हालत साथ में चलने वालों की
अपनों से ही मिलने वाले ज़ख्म उभरते रहते हैं

तलवारें भी कम चलती हैं शहरों गाँवों में अब तो
ज़ख्मी अक्सर ही लफ़्ज़ों से लोग तो करते रहते हैं

अख़बारों में जब भी देखूँ एक ख़बर ही आती है
बादल भी मेरी छत पर ही रोज़ बरसते रहते हैं

ख़ता ये है हमें कुछ भी छुपाना ही नहीं आया

ख़ता ये है हमें कुछ भी छुपाना ही नहीं आया
हमें आँखों से यूँ आँसू बहाना ही नहीं आया

हमें कहना था जो कुछ दिल में ही वह रह गया क्योंकि
हज़ारों ख़्वाहिशें थी पर बताना ही नहीं आया

मैं ढोता ही रहा ताउम्र सर पर बोझ रिश्तों का
मुझे झूठे मगर रिश्ते निभाना ही नहीं आया

मैं दरिया साथ लेकर बादलों के संग चल देता
मगर जो आग दिल में थी बुझाना ही नहीं आया

लुटा हूँ मैं अकेला ही यहाँ लेकिन कहूँ भी क्या
बहाना बेबसी का पर बनाना ही नहीं आया

ना पहचाना हमें तुमने सफ़र में तो गिला क्या है
हमें यूँ ही किसी को भी भुलाना ही नहीं आया

मैं लफ़्ज़ों से अपने दिल का हाल बताया करता था

मैं लफ़्ज़ों से अपने दिल का हाल बताया करता था
उन आँखों को रोज़ नयी मैं ग़ज़ल सुनाया करता था

दो रूहों का इक हो जाना उसे मोहब्बत कहते हैं
बिन कुछ बोले ये बातें उसको समझाया करता था

वो आँखों के रस्ते मेरे दिल के अन्दर आती थी
ख़ुशबू बनकर मैं उसकी साँसे महकाया करता था

रब जैसा सच्चा उसका हर लफ़्ज़ भी सच्चा लगता था
वो पागल कह देती मैं पागल हो जाया करता था

बिन कुछ बोले चुपके से वो एक दिन छोड़ गयी उसको
जो अफ़्साना उससे मिलने हर दिन आया करता था

दिल में चारों ओर भरा है केवल मेरा ख़ालीपन

दिल में चारों ओर भरा है केवल मेरा ख़ालीपन
आँखें भी है सूनी अब तो और कहीं ना लगता मन

याद बहुत आती है मुझको इस बारिश के मौसम में
तेरी भीगी ज़ुल्फें तेरी पायल की वो छन छन छन

जब से तुझको देखा है इस दिल ने ऐसी धुन पकड़ी
नाम तेरा ही लेती रहती हर दिन हर पल ये धड़कन

रब में तुम दिखते तुम में रब दिखता है हर बार मुझे
अब तुम ही बतलाओ मुझको कैसे सुलझे ये उलझन

और तुम्हारा इस दुनिया में होना जादू है या सच
होती रहती है इस पर ही मेरी तो ख़ुद से अनबन

तुम्हारी झील सी आँखों की हलचल मैं न भूलूँगा

तुम्हारी झील सी आँखों की हलचल मैं न भूलूँगा
तुम्हारा प्यार से कहना वो पागल मैं न भूलूँगा

बहुत मुमकिन है ये की ख़ुद को ही मैं भूल जाऊँ पर
तुम्हारे साथ बीता एक भी पल मैं न भूलूँगा

कि छुप जाना कहाँ पर है ये जुगनू भी समझते हैं
छिपा था चाँद जिसमें कल वो बादल मैं न भूलूँगा

जहाँ बाँटा किये ग़म और ख़ुशियाँ एक दूजे से
कि जिसकी छाँव में बैठे वो पीपल मैं न भूलूँगा

तुम्हें देखा था आयीने में सजते इक दफ़ा मैंने
किया घायल मुझे जिसने वो काजल मैं न भूलूँगा

तुम्हारी यादों की तस्वीर है महफ़ूज़ दिल में पर
वो पल जब तुम हुए नज़रों से ओझल मैं न भूलूँगा

उन अंजानी राहों पर भी चलना था दुश्वार हमें

उन अंजानी राहों पर भी चलना था दुश्वार हमें
रास्ते में जो फूल बिछे थे लगते थे वो खार हमें

हर दिन ज़िन्दा रहने की गर कोशिश करनी आन पड़े
वो भी क्या है ऐसे जीना लगता है बेकार हमें

कहने की चाहत थी पर कैसे कहते तुम मेरे हो
माँगा था तुमसे पर कब मिल पाया ये अधिकार हमें

तुमने अपने वादों का ख़ुद बोलो कितना मोल रखा
तब भी तुमने पूछा था ये किस-किस से था प्यार हमें

और तुम्हारी बातों से ही रुसवा होना था हमको
पर अब भी घायल करती है उन लफ़्ज़ों की धार हमें

था जो तुम्हारी नज़रों में वो जादू हमको मार गया
कैसे बोलें उस दिन से है आज तलक आज़ार हमें

तुमको भुलाने की कोशिश में उम्र निकलती जाती है
याद तुम्हारी दे जाती है दर्द नया हर बार हमें

सारे समय सफ़र में अकेला रहा हूँ मैं

सारे समय सफ़र में अकेला रहा हूँ मैं
छालो को ले के पाँव में चलता रहा हूँ मैं

बेचैनियों के साथ भी रातें बितायीं हैं
ख़्वाबों को आँखों में लिये जागा रहा हूँ मैं

तुम क्या बता रहे हो मुझें ग़म ये ग़ैर का
अपनी ही उलझनों में ख़ुद उलझा रहा हूँ मैं

क़िस्मत भी क़्या कमाल मेरी है ये देखिए
दरिया के पास जा के भी प्यासा रहा हूँ मैं

बिन हाथ भी मिलाये जो सीधे गले मिलें
धोखे से उनके हर घड़ी बचता रहा हूँ मैं

हो न गर मेहंदी मेरे हाथों में तेरे नाम की

हो न गर मेहंदी मेरे हाथों में तेरे नाम की
ज़िन्दगी ऐसी हो फिर ये ज़िन्दगी किस काम की

फ़ैसला जब कर चुके दिल सौंपने का हम तुम्हें
सोचते आगाज़ की या इश्क़ के अंजाम की

हम सही अपनी जगह थे तुम सही अपनी जगह
हो ना हो गलती रही होगी कहीं उस शाम की

जुर्म साबित हो ना पाया आज तक मेरा मगर
मिल रही हमको सज़ा और वो भी बस इल्ज़ाम की

भूल पाया है भला कुछ भी अभी तक दिल कहाँ
और बाक़ी है अभी तक ख़्वाहिशें पैग़ाम की

मुक़म्मल हो सकी ना जो कहानी याद है मुझको

मुक़म्मल हो सकी ना जो कहानी याद है मुझको
कभी राजा से मिल पायी न रानी याद है मुझको

फ़ना हो तो गयी है साथ गुज़रे वक़्त के लेकिन
तुम्हारे प्यार की अन्तिम निशानी याद है मुझको

न थे अल्फ़ाज़ लेकिन कुछ कहा एक दूसरे से था
हुई आँखों से जो बातें ज़बानी याद है मुझको

यकीं मानो है उजड़ा ये जहाँ सारा है अब लेकिन
मेरे दिल पर तुम्हारी हुक्मरानी याद है मुझको

सहेजा है बड़ी मुश्किल से मैंने चंद लम्हों को
बिताई साथ घड़ियाँ जो सुहानी याद है मुझको

क्यों न जाने रात भर मैं करवटें लेता रहा

क्यों न जाने रात भर मैं करवटें लेता रहा
बन्द आँखें थी मगर मैं करवटें लेता रहा

देख कर ये वक़्त कैसे ले रहा है करवटें
सर ये अपना थाम कर मैं करवटें लेता रहा

ख़्वाहिशें मेरी मिटा दे या मुक़म्मल कर सभी
ये ख़ुदा से माँग कर मैं करवटें लेता रहा

मेरे भी हिस्से में आयेगी कभी तो रौशनी
बस इसी उम्मीद पर मैं करवटें लेता रहा

सुन के सारा हाल मेरा सब हमेशा की तरह
सो गये दीवार-ओ-दर मैं करवटें लेता रहा

आप तो रहते हैं मेरी साँसों की गहराइयों में

आप तो रहते हैं मेरी साँसों की गहराइयों में
आपसे होती है बातें मेरी बस तन्हाइयों में

यूँ तो ख़्वाबों में मुलाकातें भी होती रहती हैं पर
आप दिखते हैं हमेशा ही मेरी परछाइयों में

ख़त न आता है कभी भी आप की जानिब से कोई
ढूँढ़ लेता हूँ मैं तो पैग़ाम भी पुरवाइयों में

आप से मिलने की ख़्वाहिश आज भी दिल में सजाये
है गुज़रता वक़्त मेरा रोज़ ही अमराइयों में

हाल मेरा देख कर दुनिया ये जो चाहे कहे पर
ये जुनून-ए-इश्क़ शामिल है मेरा सच्चाइयों में

फूल उम्मीद के भी खिल नहीं पाये

फूल उम्मीद के भी खिल नहीं पाये
होंट ख़ामोश रहे हिल नहीं पाये

हम तो दरिया के किनारों से रहे बस
साथ चलते रहे पर मिल नहीं पाये

चाहतों के दिखे टुकड़े कई होते
कोशिशें की तो बहुत सिल नहीं पाये

इस कहानी में वो किरदार है मेरा
नाख़ुदा हो के जो साहिल नहीं पाये

अश्क़ में अब तो ये भी डूब चुका है
काश मुझ जैसा कोई दिल नहीं पाये

हसीन ख़्वाबों के दरमियाँ ही असल में मंज़र बदल चुका था

हसीन ख़्वाबों के दरमियाँ ही असल में मंज़र बदल चुका था
खुली जो आँखें नज़र ये आया कि शाम थी दिन तो ढल चुका था

अलग ही उनका मुकाम होता जो बात मौके पे समझे होते
समझ तो आयी ज़रूर बातें कि वक़्त तब तक निकल चुका था

कभी तो ग़ैरों की ज़िन्दगी में लगाते थे आग शौक़ से जो
पता लगा ये कि धीरे-धीरे उन्हीं का दामन तो जल चुका था

अजीब जलवे हैं वक़्त के भी उन्हें तलब है मुहब्बतों की
कि जिनके लफ़्ज़ों का तेज़ खंजर दिलों पे औरों के चल चुका था

ग़लत नहीं होते फैसले भी अगर पता सच का होता हमको
हकीक़तें जानने से पहले ये दिल हमारा बहल चुका था

होंटों पर मुस्कान खिली है लेकिन आँखें भी नम हैं

होंटों पर मुस्कान खिली है लेकिन आँखें भी नम हैं
दुनिया क्या जानेगी आख़िर किन तकलीफ़ों में हम हैं

उसके ना होने से ख़ालीपन भी इतना गहरा है
दौलत शोहरत सब कुछ है पर सारी चीज़ें भी कम हैं

मुश्किल है बतलाना ऐसी अपनी ये दुश्वारी है
जो यादें हैं ज़ख्मी करतीं वो यादें ही मरहम हैं

जिन एहसासों ने पैदा की थी नज़दीकी माज़ी में
वो सारे एहसास अभी तक बिलकुल वैसे क़ायम हैं

वो भी दिन थे फूल थे खिलते हरदम इस बाग़-ए-दिल में
अब शायद ये होना था सो बदले-बदले मौसम हैं

जब आती है ज़ख्म नया दे जाती है

जब आती है ज़ख्म नया दे जाती है
याद भी उसकी दिल को बड़ा सताती है

समझ नहीं आता किस जानिब देखूँ मैं
हर जानिब से उसकी ख़ुशबू आती है

एक नज़र वो देखे मुझको ख़्वाहिश है
इस ख़्वाहिश में हर ख़्वाहिश खो जाती है

उसके लब ख़ामोशी में तो माहिर हैं
पर ख़ामोशी सारी बात बताती है

हुए अलग पर एक रहे हम तो हरदम
देखें क़िस्मत क्या-क्या रंग दिखाती है

उसका इक ख़त आ जाता है और उदासी जाती है

उसका इक ख़त आ जाता है और उदासी जाती है
होंटों को मुस्कान भी छू कर शोख़ हवा सी जाती है

हो जाती है बारिश जब मन होता है उसको देखूँ
क़ुदरत भी मेरी ख़ुशियों को नज़र लगा सी जाती है

ख़ुद की हस्ती बिसरा देना ये तो इश्क़ की फ़ितरत है
एक नदी सागर से मिलने प्यासी-प्यासी जाती है

बड़ा करिश्मा है क़िस्मत का उसपे नेमत बरसी है
उसकी एक सदा भी रब तक किसी दुआ सी जाती है

उसकी यादों के साए में अक्सर मैं सो जाता हूँ
ख़्वाबों में वो ख़ुद ही आ कर मुझे जगा सी जाती है

हो ग़म तो ख़ुद का चेहरा भी कभी अपना नहीं लगता

हो ग़म तो ख़ुद का चेहरा भी कभी अपना नहीं लगता
किसी को गैर का गम ख़ुद से तो ज़्यादा नहीं लगता

यहाँ पर ज़िन्दगी तो हो गयी है साँस लेना भर
कोई भी शख्स जाने क्यों यहाँ ज़िन्दा नहीं लगता

किसी का भी भला करना तो पहली बार में करना
सभी के हाथ मौका भी ये दोबारा नहीं लगता

अभी ये जंग है बाकी अभी है हौसला बाक़ी
थका तो है मगर ये दिल अभी हारा नहीं लगता

भरोसा ज़िन्दगी में तोड़ दे इक बार बस कोई
क़सम खाए वो चाहे सौ मगर सच्चा नहीं लगता

अगर वो साथ है तो फिर किसी की क्या ज़रूरत है

अगर वो साथ है तो फिर किसी की क्या ज़रूरत है
यही एहसास होता है अगर होती मुहब्बत है

कभी मिलना बिछड़ जाना अलग हो के भी इक होना
मोहब्बत करने वालों की यही हलचल ही क़िस्मत है

ख़ुमारी इश्क़ की जब दिल पे छाती है तो लगता है
कि दुनिया की हर इक शय ही बड़ी ही ख़ूबसूरत है

उसे ही सोचते रहता है बस शिद्दत से हर लम्हा
कि दूजा काम करने की कहाँ इस दिल को फ़ुर्सत है

कभी पायल कि छन-छन से नहीं मैं चौंकता क्योंकि
ख़लल करना मेरी तन्हाइयों में उसकी आदत है

अदावत हो ज़माने से बग़ावत या हो दुनिया से
किसी क़ीमत पे मंज़िल को है पाना बस ये चाहत है

वो चाहे तिश्नगी हो तीरगी हो या कोई ग़म हो
किसी से जंग हो पर जीतना अपनी तो फ़ितरत है

मुझमें जो मेरा हिस्सा है

मुझमें जो मेरा हिस्सा है
उतना भी पूरा उसका है

इक सपना हासिल करने को
सच का दाँव लगा रक्खा है

ज़ख़्म मिले हैं उससे तो क्या
आख़िर वो मेरा अपना है

वो मेरी बाँहों में है ये
सच है या कोई सपना है

हम दोनों हैं प्यार में डूबे
उसका प्यार मगर ज़्यादा है

मुझको जैसे ही देखा तो
सुर्ख़ हुआ उसका चेहरा है

तन्हाई का वक़्त है फिर भी
जो सोचा उससे अच्छा है

कभी जहाँ पर उसका ठौर ठिकाना था

कभी जहाँ पर उसका ठौर ठिकाना था
उस रस्ते पर मेरा आना जाना था

समझ न पाया उसकी आँखों की बोली
इश्क़ की गलियों से तब मैं अंजाना था

अब सोचूँ उस दिन देखा था जब उसको
कोई हक़ीक़त थी या वो अफ़साना था

ख़ामोशी ना हम दोनों की ही टूटी
लब तक जो आया था वो कह जाना था

कितनी बातें याद आती हैं माज़ी की
कितनी बातें हैं जिनको दुहराना था

लिक्खी थी जो मेरी वो तक़दीर ढूँढ़ता हूँ

लिक्खी थी जो मेरी वो तक़दीर ढूँढ़ता हूँ
तेरे नगर में अपनी तस्वीर ढूँढ़ता हूँ

मेरी सदा पे भी तुम आये न पास मेरे
जिसमे हो तुम बंधे वो ज़ंजीर ढूँढ़ता हूँ

परवाह दर्द की तो मुझको न कुछ है लेकिन
पर ज़ख्म देने वाला शमशीर ढूँढ़ता हूँ

जब कुछ नहीं बचा तब आया हूँ होश में फिर
जिसको लुटा चुका वो जागीर ढूँढ़ता हूँ

दुश्मन है सामने मेरी तैयारियाँ तो देखो
तरकश में रखने को मैं अब तीर ढूँढ़ता हूँ

कल शाम फिर से होंटों पे उसका नाम आया

कल शाम फिर से होंटों पे उसका नाम आया
ऐसा लगा कि जैसे उसका पयाम आया

उसको भुला सकूँ मैं कोशिश भी कम न की है
लेकिन कोई तरीक़ा रस्ता न काम आया

लगता हवा में यादें उसकी बसी हो जैसे
झोंका कोई कभी जैसे सुब्ह शाम आया

शब् में निकल रहा जब वो चाँद देखता हूँ
दिल बोलने है लगता उसका सलाम आया

ऐसी मिली है मंज़िल कहते भी कुछ न बनता
मुमकिन न वापसी है ऐसा मुक़ाम आया

जिसको हमने अपना माना

जिसको हमने अपना माना
शख़्स वही निकला बेगाना

लेकिन याद उसे ही करता
दिल भी कितना है दीवाना

उलझा कर रखता है मुझको
कुछ यादों का ताना बाना

बिन रिश्ते के भी लगता है
हर इन्सां जाना पहचाना

मेरी ख़ातिर वो है रब का
प्यार भरा कोई नज़राना

जब से हमारे बीच में रिश्ता नहीं रहा

जब से हमारे बीच में रिश्ता नहीं रहा
तबसे ग़मों में मैं भी जियादा नहीं रहा

जिस पेड़ ने गुरूर दिखाया था छाँव का
एक रोज़ उसपे एक भी पत्ता नहीं रहा

मोड़ा है मुश्किलों को पसीने की आग से
क़िस्मत को कोस-कोस के रोता नहीं रहा

तोड़े हैं बूढ़े हाथ ने पर्वत भी इश्क़ में
किसकी ज़ुबान पर तो ये किस्सा नहीं रहा

जिसने जुटाई झूठ से दौलत तमाम उम्र
ख़ैरात बाँटते ही वो झूठा नहीं रहा

ज़िन्दगी की डोर पकड़े बन वो बंजारा गया

ज़िन्दगी की डोर पकड़े बन वो बंजारा गया
हौसला टूटा तो कर के आँख को खारा गया

इक महल के वास्ते शाही खज़ाना है खुला
आस में कुछ साँस की फिर एक बेचारा गया

कान तक ऐलान पहुँचे हाथ कुछ आया नहीं
और उल्टा जो बचा था जेब से सारा गया

काग़ज़ों पर जश्न ख़ुद की पीठ पर शाबाशियाँ
वो भी ऐसे युद्ध की जो हर क़दम पर हारा गया

इस सियासी खेल में होता है जो वो ही हुआ
मर रहा पहले से था जो फिर वही मारा गया

इधर उधर से ऐसे वैसे हासिल कर

इधर उधर से ऐसे वैसे हासिल कर
सब जायज़ है चाहे जैसे हासिल कर

नाम तेरा दुनिया में एक मिसाल बने
इश्क़ को अपने तू कुछ ऐसे हासिल कर

ख़्वाब तेरे तक़दीर में तेरी शामिल हों
क़िस्मत ऐसी जैसे तैसे हासिल कर

तेरी मंज़िल रस्ता अपना ख़ुद ही चुन
दिल बतलाएगा की कैसे हासिल कर

केवल इज़्ज़त हासिल कर के क्या होना है
जितनी इज़्ज़त उतने पैसे हासिल कर

हम पर जो आज कल है लबादा ये इश्क़ का है

हम पर जो आज कल है लबादा ये इश्क़ का है
हम दोनों डूब जायें इरादा ये इश्क़ का है

हम पर चढ़ा हुआ है नशा जो भी इन दिनों में
कम है ये बारिशों का ज़्यादा ये इश्क़ का है

लब को करें परेशां ये बिलकुल नहीं मुनासिब
बोले तो सिर्फ़ आँखें तक़ाज़ा ये इश्क़ का है

चढ़ जाये इक दफ़ा तो उतरे न उम्र भर ये
पक्का बड़ा ही रंग तो होता ये इश्क़ का है

हालत दिवानों जैसी हो जाये लाज़मी है
दिल बेक़ुसूर है पर मारा ये इश्क़ का है

वक़्त-ए-रुख़सत पे कुछ न सामान लिया

वक़्त-ए-रुख़सत पे कुछ न सामान लिया
ऐसे ही चलना था चलो मान लिया

अपने थे या पराए थे वो जो भी थे
उन्हें अच्छी तरह से पहचान लिया

शब तो थी वो मगर हसीं रात न थी
जब उससे फिर न मिलने का ठान लिया

दुनियादारी में हो ज़रूरत के जो भी
मैंने हर इक उसूल को जान लिया

ख़ाली दामन रहा मिला कुछ भी नहीं
कोई भी फ़ायदा न नुकसान लिया

ज़िन्दगी चाहे मुझको तो छलती रही

ज़िन्दगी चाहे मुझको तो छलती रही
पर ये शम्अ मुहब्बत कि जलती रही

रात गुज़री मगर बन के सपना कोई
चाँदनी मेरी आँखों में ढलती रही

जो भी सोचा लगा मिल वो जायेगा पर
मेरी तक़दीर भी हाथ मलती रही

है अधूरी सी जो हम बता ना सके
वो जो ख़्वाहिश थी दिल में ही पलती रही

बात कहनी थी उसको तो मुझसे मगर
वक़्त ही ना मिला बात टलती रही

किसको आवाज़ दे कर बुलाएँ कहो

ज़ख्म दिल का ये किसको दिखाएँ कहो
किसको आवाज़ दे कर बुलाएँ कहो

ये बुतों के नगर में चले आये हम
हाल अपना तो किसको सुनाएँ कहो

जब बदल ही गयी सारी दुनिया यहाँ
ऊँगली किस-किस पे अपनी उठाएँ कहो

हमको है दुश्मनों से ही फ़ुर्सत कहाँ
दोस्त भी अपना किसको बनाएँ कहो

जिनकी यादों से हमको है मिलता सुकूँ
क्यों न दिल में उन्हें हम बसाएँ कहो

बड़ा ही गहरा लगने लगता है

ख़्वाबों पर जब सच्चाई का पहरा लगने लगता है
तन्हाई का शोर बड़ा ही गहरा लगने लगता है

जब क़िस्मत के तारे गर्दिश में हो तब आयीने में
बेगाना सा ख़ुद अपना ही चेहरा लगने लगता है

कभी ज़रूरत हो की दिल का दर्द सुने कोई अपना
तभी ज़माना सारा ही ये बहरा लगने लगता है

होता है दीदार जो उनका चाहे जल्दी बाज़ी में
उन लम्हों में वक़्त भी थोड़ा ठहरा लगने लगता है

किसी सफ़र पर बोझ ग़मों का लादे जब इन्सान चले
एक घना जंगल भी बिलकुल सहरा लगने लगता है

ग़रीबों के घरोंदों पर तो पक्की छत नहीं होती

ग़रीबों के घरोंदों पर तो पक्की छत नहीं होती
उन्हें मिलता है अक्सर सब जिन्हें चाहत नहीं होती

किसी की मौत तक में जो नफ़ा भी ढूँढ़ लेते है
बड़े हों लोग पर उनकी कोई इज़्ज़त नहीं होती

ज़रूरी है बड़े बूढ़ों कि हम पर हों दुआएँ भी
फ़क़त रुपयों से पूरी तो कोई मन्नत नहीं होती

खनकती तो रहे लेकिन किसी के काम ना आये
किसी भी काम की दुनिया में वो दौलत नहीं होती

कोई मिलता नहीं उनको सुने जो बात भी दिल की
जिन्हें बच्चों से मिलने की कभी फ़ुर्सत नहीं होती

बिल अब कहाँ बना भी रहे वो ज़मीन में

बिल अब कहाँ बना भी रहे वो ज़मीन में
पलने लगे है साँप तो अब आस्तीन में

एहसास भी किसी में नहीं आ रहा नज़र
इन्सान ढलता जा रहा है अब मशीन में

शक था अभी तलक कि मुझे इश्क़ हो गया
पर अब बदल गया है वो पूरे यक़ीन में

दिल खो गया कहाँ ये मेरा अब पता चला
निकली है ज़िन्दगी ये मेरी खोज-बीन में

रस्ता कोई निकाल तो लेगा किसी तरह
होता नहीं शिकस्त का डर तो ज़हीन में

साकी इतनी जल्दी क्या है थोड़ी देर ठहर तो जा

साकी इतनी जल्दी क्या है थोड़ी देर ठहर तो जा
ख़त्म न अब तक जाम हुआ है थोड़ी देर ठहर तो जा

तुमसे मिलने की ख़्वाहिश थी आते ही जाने की ज़िद
अभी हक़ीक़त हुई दुआ है थोड़ी देर ठहर तो जा

बेसब्री ना दिखलाओ तुम आदत मेरी नयी-नयी है
और ये मयख़ाना भी नया है थोड़ी देर ठहर तो जा

कलियों को खिलने में थोड़ा वक़्त है बाकी और अभी
पतझड़ का मौसम आया है थोड़ी देर ठहर तो जा

तारों की चादर ओढ़े कुछ बातें होनी बाकी हैं
सूरज भी अब तक न ढला है थोड़ी देर ठहर तो जा

इस तरह से कुछ गुज़ारी अपनी सारी ज़िन्दगी

इस तरह हमने गुज़ारी अपनी सारी ज़िन्दगी
दोस्तों से दोस्ती की दुश्मनों से दुश्मनी

हम भटकते ही रहे केवल वफ़ा की चाह में
और फ़ना कर दी ख़ुशी से अपनी सारी ही ख़ुशी

हमको लगता था कि हासिल होने को हैं चाहते
पर सराबों की हक़ीक़त है कि होता कुछ नहीं

बस परेशां हो के हरदम सोचता रहता हूँ मैं
मेरे दिल से क्यों न मिट जाती है उसकी याद भी

जिनमें ना हो लौ बची थोड़ी सी भी उम्मीद की
उन चरागों से न होती है कभी भी रौशनी

ज़िन्दगी में हर ख़ुशी को पा गये

ज़िन्दगी में हर ख़ुशी को पा गये
हम भी अब उनकी नज़र में आ गये

महफ़िलों में लोग आतें हैं बहुत
हम जहाँ पर भी गये बस छा गये

भूखे उन बच्चों को जब रोटी मिली
हम पे सारी नेमतें बरसा गये

कुछ अधूरे ख़्वाब जब पूरे हुए
नींद को आँखों तलक पहुँचा गये

क्या फ़कीरों बादशाहों में है जुदा
छोड़ कर सामान सब अपना गये

तीरगी में थोड़ी सी रौशनी मिली

तीरगी में थोड़ी सी रौशनी मिली
ज़िन्दगी में हमको कुछ तो ख़ुशी मिली

कहकहे लगा कर हम तो चले थे पर
रास्तों के होंटों पर ख़ामुशी मिली

वो जो आये मौसम पल में बदल गया
बाग़ में सभी को फिर ताज़गी मिली

दोस्ती थी जब तक कोई गिला न था
मसअले बढ़े तो फिर दुश्मनी मिली

ख़ुशनसीब लोगों को सब बहुत मिला
बदनसीब लोगों को बेबसी मिली

काफ़ी गहरा याराना है अपना चाँद सितारों से

काफ़ी गहरा याराना है अपना चाँद सितारों से
हम तो बातें कर लेते हैं घर की छत दीवारों से

ग़म से छुट्टी पाने वाली इक तरकीब लगाई है
दूरी अच्छी खासी रखी है हमने अख़बारों से

माना सालगिरह भी मेरा भूले जाते हैं वो पर
भला शिकायत भी होती है क्या अपने ही यारों से

दुनिया में बर्बादी को तो बात जुबां की काफ़ी है
हर इक जंग नहीं होती है तोपों और तलवारों से

हमसे बात करोगे तो हम दीवानों सा बोलेंगे
क्या उम्मीद करेगा कोई हम उल्फ़त के मारों से

टूटे हुए परों से परवाज़ चाहते हैं

टूटे हुए परों से परवाज़ चाहते हैं
पागल हैं जो बुतों से आवाज़ चाहते हैं

चैनो अमन ज़रूरत है आज इस जहाँ की
कुछ लोग जंग का पर आगाज़ चाहते हैं

हर एक शख्स को ख़ुद रुस्वा जो कर चुके हैं
हो उनसे ना कोई बस नाराज़ चाहते हैं

किश्तों पे ला रहे हैं सामान सारे घर में
वो भी नवाबों जैसा अंदाज़ चाहते हैं

जिन आशिकों को डर है दुनिया कि बेरुख़ी का
वो बावफ़ा हो ऐसा हमराज़ चाहते हैं

ढलते ही शाम देख लो ये छा गयी घटा

ढलते ही शाम देख लो ये छा गयी घटा
फिर से तेरा पयाम ले कर आ गयी घटा

वो गीत जो कभी बुने थे याद कर उसे
वो गीत फिर से झूम के दोहरा गयी घटा

आयी थी अपने हुस्न पे इतरा के ख़ूब पर
तस्वीर उसकी देख के शर्मा गयी घटा

शब में जो चाँदनी से हुआ सामना तो फिर
अपनी अदाएँ चाँद को दिखला गयी घटा

चलने को जब हुई तो बरस कर के यूँ चली
मिलते हैं कैसे प्यार से सिखला गयी घटा

आँधियों में मशालें जलाते रहे

आँधियों में मशालें जलाते रहे
जो भी पाया था वो सब लुटाते रहे

जो भी दिल की कलम से लिखा ख़त में था
आँसुओं से वो सब कुछ मिटाते रहे

ज़िन्दगी में कभी जो ना पूरे हुए
ख़्वाब ऐसे ही हरदम सजाते रहे

साथ जिनका निभाते रहे उम्र भर
वो ही मौके पे नज़रे चुराते रहे

बात ग़ैरों कि कब थी हमारे लिये
हम तो धोखे ही अपनों से खाते रहे

सभी यादें भुला के इक नया मंज़र बनाना है

सभी यादें भुला के इक नया मंज़र बनाना है
मुहब्बत के नगर से दूर ही अब घर बनाना है

अमूमन लोग कुछ पा कर बनाते हैं नये रिश्ते
नया रिश्ता मुझे अपना ये दिल खो कर बनाना है

सियासी मसनदों पर बैठते जो लोग हैं उनका
यही मक़सद है की आवाम को जोकर बनाना है

वो जो मज़दूर है ख़ुद खप रहा है रात दिन क्योंकि
उसे बिटिया को अपनी इक बड़ा अफ़सर बनाना है

बुरी अब भी नहीं है ज़िन्दगी मेरी मगर इसको
तुम्हारे पास रह कर और भी बेहतर बनाना है

कहा ये चाँद ने हमसे अभी तो रात बाक़ी है

कहा ये चाँद ने हमसे अभी तो रात बाक़ी है
अधूरी ही न रह जाये जो अपनी बात बाक़ी है

हमें उम्मीद है पूरी कि नम फिर से ज़मीं होगी
घुमड़ कर आएँ हैं बादल अभी बरसात बाक़ी है

तुम्हें अफ़सोस होगा गर चले जाओगे महफ़िल से
मुहब्बत कि अभी तो ख़ुशनुमा सौगात बाक़ी है

ज़रा ठहरो अभी इस खेल का अंजाम बाक़ी है
मिली है सिर्फ़ शह तुमको अभी तो मात बाक़ी है

मिली ठोकर ज़रा सी तो कदम ये लड़खड़ाए हैं
मैं लौटूँगा किसी तूफ़ान सा औकात बाक़ी है

ऐसे हालात से हम गुज़रते रहे

ऐसे हालात से हम गुज़रते रहे
दिल में हाँ थी मगर हम मुकरते रहे

लब थे ख़ामोश पर एक दूजे के हम
आँखों से दिल में गहरे उतरते रहे

आग दोनों तरफ़ थी बराबर लगी
पर न जाने क्यूँ कहने से डरते रहे

ख़्वाब जितने भी देखे थे हमने कभी
टूट कर सब मुसलसल बिखरते रहे

हम चले एक रस्ते पे हो के जुदा
ज़िन्दगी का सफ़र तय यूँ करते रहे

क्या गज़ब दुनिया में भी इन्सान है

क्या गज़ब दुनिया में भी इन्सान है
देख अपना अक्स ही हैरान है

अब कहाँ दिखता किसी में भी सुकूँ
हर किसी के दिल में इक तूफ़ान है

मानता है ख़ुद को मालिक देखिए
कुछ दिनों का जो यहाँ मेहमान है

चुन रहा बर्बादियों को शौक़ से
आदमी भी किस क़दर नादान है

वो सफ़र की कर रहा तैयारियाँ
अब तलक मंज़िल से जो अंजान है

एक दूजे से हम इक वादा करें

एक दूजे से हम इक वादा करें
ग़म किसी का बाँट कर आधा करें

भूल कर आपस के सब शिकवे गिले
दिल के कुछ पन्नों को हम सादा करें

चार दिन हैं कुल सभी के पास तो
बोझ दुःख का ख़ुद पे ना लादा करें

काम कुछ ऐसा करें जो दे ख़ुशी
कम सही हम गर न कुछ ज़्यादा करें

सर झुकाना गर कहीं मुमकिन न हो
तो झुका कर आँखें ही सजदा करें

ज़िन्दगी में चोट भी खाया किये

ज़िन्दगी में चोट भी खाया किये
ग़म समेटे दिल में मुस्काया किये

थी कहाँ ज़रखेज़ क़िस्मत की ज़मीं
रेत से हम मोतियाँ लाया किये

कुछ दफ़े नाकामयाबी थी मगर
कोशिशें छोड़ी न पछताया किये

नम पसीने से जड़ें करते रहे
फूल जब क़िस्मत के मुरझाया किये

ज़िन्दगी कि दौड़ में जब भी थके
जोश से आगे भी हम आया किये

हर इक जानिब मुहब्बतों से पाये ग़म के चर्चे हैं

हर इक जानिब मुहब्बतों में पाये ग़म के चर्चे हैं
जिससे हमको सुकूँ मिला है उस मरहम के चर्चे हैं

बैठे हैं सब पतझड़ में और बात एक दोहराते हैं
जिस मौसम में फूल खिलेंगे उस मौसम के चर्चे हैं

वो जो अपनी जाँ के बदले इक धागा दे जाते हैं
भूल गये हैं सब कीड़ों को बस रेशम के चर्चे हैं

कोई बात नहीं करता है उसकी नकली इज़्ज़त की
उसके सारे झूठ फ़रेबों और तिकड़म के चर्चे हैं

कई बरस में पहली बारी पत्तों पर चमकी है जो
हीरे मोती से भी ज़्यादा उस शबनम के चर्चे हैं

क्या करूँ ये मन तो अब कुछ भी नहीं करता

क्या करूँ ये मन तो अब कुछ भी नहीं करता
सच का दम भरने का भी तो जी नहीं करता

जो किराएदार था कब्ज़ा उसी का है
दिल को मेरे शख़्स वो ख़ाली नहीं करता

रोज़ ही किरदार मौसम है बदल लेता
फ़िक्र कोई ये दिलों की भी नहीं करता

हो यकीं ना तो मुहब्बत कर के देखो तुम
ज़िन्दगी बर्बाद ये किसकी नहीं करता

आदमी भीतर से दोहरा हो अगर वो फिर
कोई अच्छा काम बिलकुल ही नहीं करता

तीरगी से उनकी होती रही लड़ाई है

तीरगी से उनकी होती रही लड़ाई है
क्या अजीब क़िस्मत भी जुगनुओं ने पायी है

बेगुनाह हो कर भी उम्र भर सजा काटी
आज क़ैद से उसकी हो रही रिहाई है

देखिए क्या उसको तोहफा मिला है कुदरत से
दर्द था जो कल उसका आज वो दवाई है

लूट कर के उसने ज़ेवर कहाँ छुपाया है
ये ख़बर भी उसके हमराज़ ने बताई है

मुतमईन है वो ये बात जान कर इतनी
हाथ की लकीरों में उसके बेवफ़ाई है

वक़्त जितना भी मिला था पास आने के लिये

वक़्त जितना भी मिला था पास आने के लिये
वक़्त उतना ही मिला उसको भुलाने के लिये

हर क़दम मिल कर चलें बस राह कैसी भी मिले
है ज़रूरी ये सफ़र में दूर जाने के लिये

फेर ले नज़रें वो अपनी गर ज़रा सा रूठ कर
है यही काफ़ी मेरे दिल को जलाने के लिये

है अगर ख़्वाहिश सितारे चाँद अपने साथ हों
तोड़ लाएँगे उन्हें हम घर सजाने के लिये

कोशिशें करनी पड़ेंगी हमको मेहनत से सदा
ख़्वाब जितने भी हैं उनको सच बनाने के लिये

लम्स का एहसास है जो वो तो मर सकता नहीं

लम्स का एहसास है जो वो तो मर सकता नहीं
आँसुओं के बिन कभी ये ग़म गुज़र सकता नहीं

तैरने में जो बड़ा माहिर समझता ख़ुद को है
पर समंदर तैर कर वो पार कर सकता नहीं

इश्क़ जिसने कर लिया हो ज़िन्दगी में इक दफ़ा
टूट तो सकता है लेकिन वो बिखर सकता नहीं

दिल्लगी समझे मुहब्बत को अगर कोई तो फिर
वो किसी क़ीमत पे भी दिल में उतर सकता नहीं

प्यार की होती ज़रूरत ज़ख्म भरने के लिये
सिर्फ़ बातों से कोई भी ज़ख्म भर सकता नहीं

शमएँ जला के फिर से बुझाना यूँ रात भर

शमएँ जला के फिर से बुझाना यूँ रात भर
फ़ितरत है उनकी हमको सताना यूँ रात भर

मौक़ा मिले तो ग़ौर से जुगनू को देखिए
आसां नहीं है ख़ुद को जलाना यूँ रात भर

क्या फ़ायदा है ख़्वाब में यूँ आने-जाने का
अच्छा नहीं किसी को जगाना यूँ रात भर

बच्चे उसे तो देख के कहते हैं भूत ही
आदत है जिसकी सबको डराना यूँ रात भर

पलकें बिना गिराए उन्हें देखते रहे
सुनते रहे हम उनका फ़साना यूँ रात भर

हो चुका है अब तो तेरा ही दिवाना दिल मेरा

हो चुका है अब तो तेरा ही दिवाना दिल मेरा
तीर है तेरी नज़र और है निशाना दिल मेरा

चल पड़ेगा इक सदा पर जिस तरफ़ भी तू कहे
अब कहाँ कर पायेगा कोई बहाना दिल मेरा

इश्क़ से भीगी हुई जबसे हवा छू कर गयी
गा रहा तबसे मुहब्बत का तराना दिल मेरा

प्यार की सौगात जबसे है मिली ऐसा लगा
पा चुका है क़ीमती सबसे खज़ाना दिल मेरा

अब नया होगा पता तेरा ज़माने के लिये
है हमेशा के लिये तेरा ठिकाना दिल मेरा

देख लो तेवर हमारे और हैं

देख लो तेवर हमारे और हैं
अब कहाँ दुनिया में हमसे और हैं

जितना सुलझाया है ख़ुद को अब तलक
ख़ुद में हम उतना ही उलझे और हैं

बात मेरे हक़ में कहने आये हो
कह रहे कुछ पर इरादे और हैं

ख़ैर ख़्वाहों से ज़रा बच के रहो
वो दिखाते हैं जो चेहरे और हैं

जो मिला हमको है उसका शुक्रिया
पर हमारे ख़्वाब सारे और हैं

दिल ये बेकरार है फिर भी

दिल ये बेकरार है फिर भी
उसका इंतज़ार है फिर भी

हर एहसान चुक गया लेकिन
मेरे सर उधार है फिर भी

सारी बात कह चुका हूँ पर
भीतर तो गुबार है फिर भी

हर टूटन सँवार डाला पर
रहती इक दरार है फिर भी

रोता है वो प्यार की ख़ातिर
दौलत बेशुमार है फिर भी

है अगर मुश्किल तो क्या हम बैठ जायें हार कर

है अगर मुश्किल तो क्या हम बैठ जायें हार कर
रुत बदलना है तो उठ जा कुछ तो कोशिश यार कर

तीरगी भी तुझको कब तक क़ैद में रख पायेगी
रख हथेली पर तू सूरज और सहरा पार कर

है अदावत जिनसे तेरी डर वो जायेंगे सभी
जंग में गर दुश्मनों को आयेगा ललकार कर

कहती है दुनिया अगर ये इश्क़ इक ग़लती है तो
दुनियादारी भूल कर तू ये ख़ता सौ बार कर

तेरे दिल में क्या है ये किसको पता तू ये समझ
है मुहब्बत गर तुझे तो उसका फिर इज़हार कर

सितम का उसके कहे कोई कब हिसाब होगा

सितम का उसके कहे कोई कब हिसाब होगा
कहीं तो आख़िर जहाँ में इसका जवाब होगा

है ये ज़रूरत जड़ें बचा लें अभी वगरना
नया-नया है शजर जो ये भी ख़राब होगा

बदल रही है फ़िज़ा नसों में उबल रहा है
ज़रा ठहर जा लहू में अब इंकलाब होगा

अभी तो मेहनत का फल है मिलने का वक़्त आया
अभी अधूरा है जो भी पूरा वो ख़्वाब होगा

नहीं चलेगा कभी फकीरों पे जोर जोर उसका
अगर वो होगा तो अपने घर का नवाब होगा

सच-सच सारी बात बताई लेकिन अपनी माने कौन

सच-सच सारी बात बताई लेकिन अपनी माने कौन
दिल टूटे तो कैसा लगता हमसे बेहतर जाने कौन

सबकी चाहत है की गुलशन में हो उनके नाम से पेड़
लेकिन आख़िर में आयेगा सहरा को महकाने कौन

नासमझों को समझाने का ज़िम्मा ले सकता है कोई
सच में जाहिल हैं जो उनको बैठेगा समझाने कौन

इश्क़ पे मरने वालों की क्या करता है कोई परवाह
शम्अ से मिल कर के मिटने वाले हैं परवाने कौन

किसको फ़ुर्सत है अब इतनी किसको है इसकी दरकार
आयीने में अपनी सूरत देख के भी पहचाने कौन

अब तो चेहरे पर चेहरा कुछ और लगाना पड़ता है

अब तो चेहरे पर चेहरा कुछ और लगाना पड़ता है
तकलीफ़ों में भी मुस्का कर हाल बताना पड़ता है

कुछ चीज़ों पर कब अपना बस चल पाया है दुनिया में
जितना पाया उतने से ख़ुद को बहलाना पड़ता है

दिल देने के बाद नहीं अंजाम की सोचा करते हैं
इश्क़ तो है वो शय जिसको ताउम्र निभाना पड़ता है

चाहो या ना चाहो पर बन जातीं क़िस्मत का हिस्सा
कुछ यादों के साए में ही वक़्त बिताना पड़ता है

तन्हाई के पल ऐसे ही होते हैं हर इन्सां को
हँस कर चाहे रो कर उनका बोझ उठाना पड़ता है

अम्बर में जो तन्हा बैठा दिल मेरा वो इक तारा है

अम्बर में जो तन्हा बैठा दिल मेरा वो इक तारा है
तुम हर शय से ख़ुश हो लेना मुझको मेरा ग़म प्यारा है

तुम तो याद नहीं रखते हो अपना कोई भी वादा पर
मुझको मेरे हर वादे ने रोज़ ही तिल-तिल कर मारा है

तुम पर अपना सब कुछ वारा मेरी झोली है ख़ाली अब
जश्न मनाऊँ बर्बादी का और बचा ही क्या चारा है

किसकी क़िस्मत में ये टिक कर बैठा रहता फिरने वाला
आज यहाँ तो कल दूजे दर दुनिया में दुःख बंजारा है

जो जैसा है उसको वैसे अपनाने में ग़म क्या करना
ये तो है ही जगज़ाहिर की आँसू होता ही खारा है

अपने दिल का हाल सुनाऊँ तो दिल को आराम मिले

अपने दिल का हाल सुनाऊँ तो दिल को आराम मिले
अपने सारे ज़ख़्म दिखाऊँ तो दिल को आराम मिले

उसका मिलना बातें करना आना-जाना ख़्वाबों में
ऐसी हर इक बात भुलाऊँ तो दिल को आराम मिले

कहते हैं सब अपने अन्दर ख़ामोशी है ठीक नहीं
आँखों से कुछ अश्क गिराऊँ तो दिल को आराम मिले

जिस ख़त में अपने जाने का था पैगाम लिखा उसने
उसका हर इक हर्फ़ मिटाऊँ तो दिल को आराम मिले

जिसको सुन कर उसके वापिस लौट आने का जादू हो
ऐसा कोई नगमा गाऊँ तो दिल को आराम मिले

लोग बहुत कम ख़ुश होते हैं मिल कर अच्छे लोगों से

लोग बहुत कम ख़ुश होते हैं मिल कर अच्छे लोगों से
हम को ये मालूम हुआ है जाने कितने लोगों से

बड़े तजुर्बे से बतलाते हैं वो हक़ीक़त दुनिया की
बातें करते हैं जब बच्चे घर के बूढ़े लोगों से

रिश्ता तो उनसे ही रखना जिनका तुम पर यक़ीं रहे
सारे नाते टूट ही जाते कान के कच्चे लोगों से

बस्ती वाले हमको तनहा रहने ही कब देते हैं
वक़्त हमारा कट जाता है मिलते-जुलते लोगो से

सुख़नवरों के घर तो तुम पा जाओगे आसानी से
शहर में आ के नाम बताना चलते-फिरते लोगो से

इज़्ज़त पे आँच हो कभी या बात जान की

इज़्ज़त पे आँच हो कभी या बात जान की
आती है ज़िन्दगी में घड़ी इम्तिहान की

मुश्किल ज़रा सी आयी क्या वो छोड़ ही गया
उसने न लाज भी रखी अपनी ज़ुबान की

हर एक क़र्ज़ याद तो तब ही था कर लिया
बाज़ार में बिकी थी फ़सल जब किसान की

आग़ाज़ है ये बस अभी अंजाम देखना
तैयारी कर चुका है वो ऊँची उड़ान की

जो चल तो पा रहे न ज़मीं पर भी ठीक से
बातें वो कर रहे हैं यहाँ आसमान की

अब सहा जाता नहीं मुझसे ज़माने का सितम

अब सहा जाता नहीं मुझसे ज़माने का सितम
मेरे हिस्से आ रहा कबसे ज़माने का सितम

आग को पानी बना दूँ गर वो मेरे साथ हो
फिर तो इक ज़र्रा सा है सारे ज़माने का सितम

हो गया है क़ीमती अब झूठ ही बाज़ार में
अब तो ढाया जा रहा सच पे ज़माने का सितम

सच पे हावी हो रहा तुम देख लो जिस शख़्स के
ग़म है पीछे और है आगे ज़माने का सितम

चार पैसे क्या कमाए शहर जा कर गाँव से
लौटते ही हो रहा उसपे ज़माने का सितम

पीने वाले तो मयख़ाने की जानिब ही जाते हैं

पीने वाले तो मयख़ाने की जानिब ही जाते हैं
सच्चे आशिक तो वो हैं जो गम को भी पी जाते हैं।

सीख लिये हैं कहने को तो अब सारे ही खेल मगर
जाने क्यों फिर दाँव हमारे सारे ख़ाली जाते हैं

जब से जाना मयख़ाने भी ख़ुद रातों को पीते हैं
मयख़ानों से अब मयकश भी वापस जल्दी जाते हैं

रोज़ नयी लिखनी पड़ती है जीने की परिभाषा भी
दरिया हर सूखे में जब मरते-मरते जी जाते हैं

आवारापन ना बोला जाये तो क्या बोलेंगे इसको
देखो जुगनू जो रातों को बस्ती-बस्ती जाते हैं

तब्दीली ऐसी हो जाती है इक उसके आने से

तब्दीली ऐसी हो जाती है इक उसके आने से
दिल मेरा बाहर आ जाता है मानों वीराने से

मौसम का मन भी थोड़ा सा मचला सा हो जाता है
मैं भी दीवाना हो जाता हूँ उसके बहलाने से

देर से आना तो उसकी ये आदत बहुत पुरानी है
उसको जाने क्या मिलता है मुझको यूँ तरसाने से

कैसे होता है ये मुझको तो मालूम नहीं है पर
बादल भी इतराने लगते हैं उसके इतराने से

तन्हाई में जब सोचूँ मैं उसके साथ बिताए पल
सारे लम्हे मुझको लगने लगते हैं अफ़्साने से

भला रश्क़-ए-क़मर आख़िर किसे समझें तुम्हीं बोलो

भला रश्क़-ए-क़मर आख़िर किसे समझें तुम्हीं बोलो
हम अपना हम सफ़र आख़िर किसे समझें तुम्ही बोलो

यहाँ लगता है सारा शहर ही अनजान सा मुझको
जहाँ रुकना है घर आख़िर किसे समझें तुम्हीं बोलो

भटक कर भूल बैठे हम तो सहरा में हर इक रस्ता
तो मंज़िल की डगर आख़िर किसे समझें तुम्ही बोलो

तुम्हारी इन निगाहों की अदाओं में है इक जादू
मुहब्बत की नज़र आखिर किसे समझें तुम्ही बोलो

जहाँ हर शख़्स हो करतब दिखाने में बड़ा माहिर
वहाँ पर बे हुनर आख़िर किसे समझें तुम्हीं बोलो

किसी मुश्किल का हल तुमको मिले ना गर किताबों में

किसी मुश्किल का हल तुमको मिले ना गर किताबों में
तो पढ़ लो जो लिखा हमनें सवालों के जवाबों में

मिला ग़म किससे है कितना ख़ुशी किससे मिली कितनी
बिना मतलब रहे हम तो उलझ कर इन हिसाबों में

दुआएँ माँ ने दी उसका असर है ज़िन्दगी में ये
मिला हमको है वो सब जो नहीं सोचा था ख़्वाबों में

ये हो ना हो जो है ख़ुशबू फ़िज़ा में वो तुम्हारी है
नहीं मुमकिन है बिलकुल ऐसी ख़ुशबू हो गुलाबों में

दग़ा देते हैं जो अपना बना कर जान लो उनके
असल चेहरे छुपे रहते हमेशा ही नकाबों में

नूर मेरा दरअसल यह रौशनी है आपकी

नूर मेरा दर असल ये रौशनी है आपकी
ज़िन्दगी मेरी भी अब तो ज़िन्दगी है आपकी

है मेरा अपना भला क्या आप हैं दुनिया मेरी
है ख़ुशी मेरी वही जो भी ख़ुशी है आपकी

आप चाहें अपने लब से कुछ नही बोलें मगर
बात सारी कह रही ये ख़ामोशी है आपकी

आपके आने की सुनकर है बिछी पलकें मेरी
सज चुकी महफिल यहाँ लेकिन कमी है आपकी

क़ीमती हर शय है मेरे पास लेकिन है ये सच
लाख तोहफों से भी बढ़कर ये हँसी है आपकी

उसकी यादों के सागर में डूब के आया हूँ

उसकी यादों के सागर में डूब के आया हूँ
तन्हाई में भी तनहा मैं कब रह पाया हूँ

गुज़रे ग़म बिसरा देना ही अच्छा होता है
अर्से बाद मैं भूल के सबकुछ फिर मुस्काया हूँ

साथ बिताए माज़ी में जो पल हम दोनों ने
दिल में वो तस्वीरें मैं संजोकर लाया हूँ

हम दोनों का रिश्ता क्या है पूछा दुनिया ने
वो मेरी साँसें है और मैं उसका साया हूँ

जब भी उससे ना मिल पाता हूँ तो लगता है
फूल बना लेकिन बिन बारिश के मुरझाया हूँ

चिंगारी शोला बन जाती थोड़ी बहुत हवा देने से

चिंगारी शोला बन जाती थोड़ी बहुत हवा देने से
जीत नहीं जाता है तूफां शम्अ कोई बुझा देने से

अपनी मुश्किल को ख़ुद ही हल करना सीखें तो बेहतर है
फिर से ताज़ा हो जाता है ज़ख्म अपना दिखला देने से

चाहे अपनापन हो जितना देर नहीं लगती है इसमें
रिश्ता बेमानी हो जाता है एहसान जता देने से

दर्दीला नासूर भी तो इक दिन बन जाता है ख़ामोशी
दिल ये हल्का हो जाता है दिल का दर्द बता देने से

लिक्खा था तक़दीर में जो भी उसके साथ ही जीना है अब
बीता कल है कहाँ बदलता बीता वक्त भुला देने से

इस बस्ती के मयखाने में बैठे सारे मस्ताने हैं

इस बस्ती के मयखाने में बैठे सारे मस्ताने हैं
अपने दिल में जलने की ख़्वाहिश पाले सब परवाने हैं

उसको लगता है इतने अर्से में मैं सब भूल गया हूँ
उसने जो लिक्खे खत अब भी रक्खे मेरे सिरहाने हैं

जादू टोने तो उसकी नज़रों में कुछ ऐसे बसते हैं
जिनको उसने देखा वो सब अब उसके ही दीवाने हैं

इश्क़ मुहब्बत में तरकीबें काम न आती हैं कोई भी
राज़ खुले कैसे आख़िर जब तहखानों में तहखाने हैं

जिनको केवल फ़िक्र है अपनी उनसे तो दूरी अच्छी है
ख़ुदग़र्ज़ी में डूबे लोगों को बस मुद्दे सुलगाने हैं

तप रहा हूँ और भी तप कर खरा हो जाऊँगा

तप रहा हूँ और भी तप कर खरा हो जाऊँगा
हर ज़ुबां पर आयेगा वो माजरा हो जाऊँगा

मैं क़लम का हूँ सिपाही ये मेरी तक़दीर है
सबको ख़ुश करने लगा तो मसखरा हो जाऊँगा

सिर्फ़ एहसासों की कोई क़ब्र मत समझो मुझे
देख लेना एक दिन मैं मक़बरा हो जाऊँगा

आसमां को देख कर बोला परिंदा क़ैद से
छोड़ दो मुझको नहीं तो अधमरा हो जाऊँगा

आज दिल का ज़ख्म 'शर्मा' रात भर कहता रहा
याद मत करना उसे वर्ना हरा हो जाऊँगा

अपनी मर्ज़ी से उसे तो रौशनी मिलती नहीं

अपनी मर्ज़ी से उसे तो रौशनी मिलती नहीं
हो क़फ़स में तो परिंदे को ख़ुशी मिलती नहीं

ये नसीबों से ही मिलती है किसी इन्सान को
सिर्फ़ सिक्कों की खनक से भी हँसी मिलती नहीं

फ़र्क होता साथ रहने और रिश्ता होने में
चाँद को भी जुगनुओं की दोस्ती मिलती नहीं

गर मुहब्बत में न होता एक होने का जुनूं
तो समंदर से कभी कोई नदी मिलती नहीं

उम्र भर भटकाव ही अंजाम होना मान लो
रास्ते गर हों ग़लत मंज़िल कभी मिलती नहीं

जिनको अंगारों पर चलना आता है

जिनको अंगारों पर चलना आता है
उन लोगों को वक़्त बदलना आता है

वो तो अपनी तक़दीरें ख़ुद गढ़ते हैं
गिर जाने पर जिन्हे सँभलना आता है

उस शम्अ को तूफां भी क्या रोकेगा
तेज़ हवा में जिसको जलना आता है

मंज़िल बाहों में भर लेती है जिनको
वक़्त के हर सांचे में ढालना आता है

जो सूरज के रस्ते पर चलते रहते हैं
अन्धेरों से उन्हें निकलना आता है

बात जो तुमसे मिलने कि हो कर लेंगे तैयारी हम

बात जो तुमसे मिलने कि हो कर लेंगे तैयारी हम
एक इशारा कर दो गर तुम छोड़ दें दुनियादारी हम

बैठ के जो बारूद पे आये हमें चुनौती देते हैं
उनको शायद पता नहीं ये ख़ुद हैं इक चिंगारी हम

उलझन से हैं दूर बहुत अपना तो सीधा रस्ता है
दुश्मन से दुश्मनी निभाते और यारों से यारी हम

हम पे छाप फ़क़ीरी की है रौब न सहने वाले हैं
दिल से बंजारे हैं गाते राग नहीं दरबारी हम

नफ़रत है ज़ह्नों में जिनके बीमारी का रूप लिये
मुहब्बतों से दूर करेंगे उनकी ये बीमारी हम

उसकी ग़लती पर भी दे दी माफ़ी की सौगात उसे

उसकी ग़लती पर भी दे दी माफ़ी की सौगात उसे
जिसने शह पर टेके घुटने फिर देता क्या मात उसे

मेरे चुप रह जाने से भी पड़ना था क्या फ़र्क भला
मेरी आँखों ने कह डाली दिल की सारी बात उसे

महँगी गाड़ी से आ कर जो ग़ुर्बत पे तक़रीर करे
कैसे समझाएँगे भूखे बच्चों के हालात उसे

पढ़-लिख कर भी बेकारी की सूरत को जो ताक रहा
तानों की आवाज़ें घेरे रहती हैं दिन-रात उसे

जिसको बे मौसम बारिश भी ख़ुश करती हर बार कभी
अब तो मौसम में भी भाती है ना ये बरसात उसे

एक दिलासा थपकी लोरी कितनी ताक़त बो जाते हैं

एक दिलासा थपकी लोरी कितनी ताक़त बो जाते हैं
मुश्किल दर्द मुसीबत जिसके आगे बौने हो जाते हैं

शिकवे लाज़िम हैं मनमाफ़िक चीज़ नहीं मिल पाये तो पर
बापू के हाथों के छाले सारे शिकवे धो जाते हैं

सबकी क़िस्मत में कब होते हैं गुड्डे गुड़ियों के दिन
जीने की जद्दोजेहद में कितने बचपन खो जाते हैं

सुनने में वैसे ही लगते ख़ुशियाँ सपने मंज़िल लेकिन
ग़ुर्बत में लफ़्ज़ों के मतलब बदले-बदले हो जाते हैं

कुछ भूखे बच्चों ने उनको दौलतमंद कहा जिनको
चार निवाले एक दफ़ा ही दिन भर में मिल तो जाते हैं

क़ुदरत भी भारी पलड़े को ज़्यादा हिस्सा देती है
जिनका पेट भरा होता है सपने भी उनको जाते हैं

मज़बूरी का पत्थर सीने पर रखकर माँ ने बोला था
भूख लगे तो अच्छे बच्चे आँसू पीकर सो जाते हैं

□□